nietzsche : cinq scénarios pour le futur

collection « encre marine »
ISBN : 978-2-35088-073-0

philippe granarolo

nietzsche

cinq scénarios pour le futur

encre marine

Sommaire

Sommaire

Avertissement

La quasi-totalité de nos citations renvoie à la *Nouvelle Édition des Œuvres Philosophiques Complètes de Nietzsche*, traduction française des textes établis pour les Éditions Walter de Gruyter par G. Colli et M. Montinari, publiée à la NRF, Éditions Gallimard, à partir de 1967. À de très rares exceptions, et par respect pour cette édition de référence, nous avons reproduit sans les modifier les traductions publiées.

O.C., tome I,	*volume 1 : La Naissance de la tragédie* et *Fragments posthumes 1869-1872* (Paris, 1977).
O.C., tome I,	*volume 2 : Écrits posthumes 1870-1873* (Paris, 1990) : (*Le Drame musical grec, Socrate et la tragédie, La Vision dionysiaque du monde, Sur l'avenir de nos établissements d'enseignement, Cinq préfaces à cinq livres qui n'ont pas été écrits, Un mot de nouvel an…, La Philosophie à l'époque tragique des Grecs, Vérité et mensonge au sens extra-moral, Appel aux Allemands.*)
O.C., tome II,	*volume 1 : Considérations inactuelles* I et II (Paris, 1990) : *David Strauss, l'apôtre et l'écrivain, De l'utilité et des inconvénients de l'histoire pour la vie,* et *Fragments posthumes été 1872-hiver 1873-1874*
O.C., tome II,	*volume 2 : Considérations inactuelles* III *et* IV (Paris, 1988) : *Schopenhauer éducateur, Richard Wagner à Bayreuth,* et *Fragments posthumes début 1874-printemps 1876*

O.C., tome III,	*volume 1 : Humain, trop humain* et *Fragments posthumes 1876-1878* (Paris, 1968)
O.C., tome III,	*volume 2 : Opinions et Sentences mêlées, Le Voyageur et son ombre*, et *Fragments posthumes 1878-1879* (Paris, 1968).
O.C., tome IV :	*Aurore* et *Fragments posthumes 1879-1881* (Paris, 1970).
O.C., tome V :	*Le Gai Savoir* et *Fragments posthumes 1881-1882* nouvelle édition revue, corrigée et augmentée par Marc B. de Launay (Paris, 1982). (Une première édition traduite par Pierre Klossowski avait été publiée en 1967.)
O.C., tome VI :	*Ainsi parlait Zarathoustra* (Paris, 1971)
O.C., tome VII :	*Par-delà Bien et Mal* et *La Généalogie de la morale* (Paris, 1971)
O.C., tome VIII,	*volume 1 : Le Cas Wagner, Le Crépuscule des Idoles, L'Antéchrist, Ecce Homo* et *Nietzsche contre Wagner* (Paris, 1974).
O.C., tome VIII,	*volume 2 : Dithyrambes de Dionysos, poèmes et fragments poétiques posthumes 1882-1888* (Paris, 1975).
O.C., tome IX :	*Fragments posthumes, été 1882-printemps 1884* (Paris, 1997).
O.C., tome X :	*Fragments posthumes, printemps-automne 1884* (Paris, 1982).
O.C., tome XI :	*Fragments posthumes, automne 1884-automne 1885* (Paris, 1982).
O.C., tome XII :	*Fragments posthumes, automne 1885-automne 1887* (Paris, 1979).
O.C., tome XIII :	*Fragments posthumes, automne 1887-mars 1888* (Paris, 1976)
O.C., tome XIV :	*Fragments posthumes, début 1888-début janvier 1889* (Paris, 1977).

Avertissement

Nos références à d'autres traductions que celles des *O.C.* de Nietzsche publiées par les éditions Gallimard sont les suivantes :

La Naissance de la philosophie à l'époque de la tragédie grecque, traduction Geneviève Bianquis, Paris, Gallimard, collection « Idées », 1969.

Le Livre du Philosophe, fragments posthumes 1872-1875 rassemblés par Angèle Kremer-Marietti, Paris, Aubier-Flammarion, collection bilingue, 1969.

Écrits autobiographiques 1856-1869, publiés sous la direction de Marc Crépon, Paris PUF, collection Épiméthée, 1994.

Bibliographie nietzschéenne de l'auteur

Entamée en 1978 par la publication, dans la *Revue de l'enseignement philosophique*, d'un article intitulé *Le Rêve dans la pensée de Nietzsche*, suivie en 1984 par ma participation à un Symposium International réuni à la Faculté des Lettres de Nice pour commémorer le centième anniversaire de la rédaction à Nice de la troisième partie d'*Ainsi parlait Zarathoustra*, participation marquée par une conférence intitulée *Nietzsche et sa vision du futur* (qu'on trouvera dans le volume paru à la suite du colloque aux Éditions L'Âge d'Homme, *Nouvelles lectures de Nietzsche*, Lausanne, 1985), mon parcours nietzschéen s'est poursuivi par une thèse de Doctorat d'État ès Lettres consacrée au « Futur dans l'œuvre de Nietzsche ». J'ai publié depuis de nombreux articles sur Nietzsche dans différentes revues et édité une version remaniée de la troisième et dernière partie de ma thèse, sous le titre *L'Individu éternel* (Paris, Vrin, Bibliothèque d'histoire de la philosophie, 1993).

Ceux de nos lecteurs qui voudraient mieux comprendre par quelles étapes est passé l'auteur dans son exploration du corpus nietzschéen trouveront ci-après la liste des principales publications qu'il a consacrées à Friedrich Nietzsche.

Essais

L'Individu éternel. L'expérience nietzschéenne de l'éternité, Paris, Éditions Vrin, Bibliothèque d'histoire de la philosophie, 1993.

Études nietzschéennes, tome 1, *Nietzsche penseur du futur*, Numilog (Édition numérique), 2011.

Études nietzschéennes, tome 2, *Nietzsche et le temps*, Numilog (Édition numérique), 2012.

Nietzsche et les voies du surhumain, Éditions Sceren, 2013.

Ouvrages collectifs

« Nietzsche et sa vision du futur », dans *Nouvelles lectures de Nietzsche*, Lausanne, Éditions L'Âge d'Homme, 1984. p. 111-118.

« La re-naturalisation de l'homme dans la pensée de Nietzsche », in *La Nature*, Paris, Éditions Bréal, 1990. p. 89-98,

« De la fuite du temps à l'idée d'éternité », in *Le Temps*, Paris, Éditions Bréal, 1996 p. 248-255.

« Dans le corps, l'univers », in *Le Corps*, Paris, Éditions Bréal, 1992, p. 279-288.

« Le temps nietzschéen », in *Le Temps*, Paris, Éditions Bréal, 1996, p. 15-23.

« Éléments nietzschéens pour une critique des biotechnologies », in *Génétique, biomédecine et société*, dir. Philippe Pedrot, Grenoble, Presses Universitaires de Grenoble, 2005, p. 143-154.

Articles

« Le rêve dans la pensée de Nietzsche », dans la *Revue de l'enseignement philosophique*, 1978, 28e année, n° 5, p. 11-32.

« Vie et mort, ou les limites du perspectivisme nietzschéen », dans les *Actes du Congrès international des Sociétés de philosophie de langue française*, Poitiers, 1992.

« Nietzsche et la science-fiction », dans la revue *Éléments*, mars-avril 1995, n° 82, p. 15-20.

« Le maître qui permit à Nietzsche de devenir ce qu'il était », dans *Schopenhauer*, Les Cahiers de l'Herne, 1997, p. 277-292.

« Apocalypses », dans la revue *Nouvelle École*, n° 51, année 2000, p. 11-22.

« Nietzsche : un prophète au tribunal du XXe siècle », dans le *Bulletin de l'Académie du Var*, année 2000, p. 55-83.

« Au-delà de l'homme, l'enfant », dans *L'Agora 2001/2002*, Éditions Les Cahiers de l'Égaré, 2002, p. 56-65.

« Surhomme ou homme parfait ? », dans le *Bulletin de l'Académie du Var*, année 2003, p. 49-70.

« Création, Procréation, Autocréation », conférence prononcée à l'occasion du dîner des Lumières de l'association B.P.W. de Toulon le 20/03/2004 (autopublication).

« Les prophéties de Nietzsche jugées par le XXe siècle », article publié en langue française dans la revue serbe *Héritages*, 5e année, volume n° 10, 2008, p. 11-33.

« Penser en marchant », dans la revue Grande Provence, numéro de février 2011, p. 17.

Introduction
À la croisée des chemins

Alors que la pensée nietzschéenne a pour originalité majeure d'être tournée résolument **vers l'avenir**, ce n'est pas cette originalité qui a été privilégiée depuis un siècle par les commentateurs. La plupart d'entre eux avouent leur trouble devant la dimension apparemment confuse et contradictoire de l'œuvre, tandis qu'un petit nombre en souligne la cohérence. Martin Heidegger et Eugen Fink en Allemagne, Jean Granier, Gilles Deleuze et plus récemment Patrick Wotling[1] en France, ont chacun à leur manière confirmé la rigueur d'une pensée qui n'a que trop rarement été accompagnée d'un bout à l'autre dans la logique de son cheminement. Un dilemme a cependant divisé les plus avisés de nos prédécesseurs : soit privilégier l'unité de la philosophie nietzschéenne en se résolvant à l'occultation de certains textes ; soit prendre en compte la quasi-totalité de

1. Patrick Wotling, *Nietzsche et le problème de la civilisation*, Paris, PUF, collection « Questions », 1995. Le travail de Patrick Wotling est celui qui se rapproche le plus dans son approche de Nietzsche de la façon dont j'avais exploré la totalité de l'œuvre nietzschéenne dans ma thèse de Doctorat d'État ès Lettres soutenue à Nice en février 1991, *Le Futur dans l'œuvre de Nietzsche*. Cette thèse me sert de point d'appui pour la rédaction de cet essai.

l'œuvre en prenant acte des contradictions et des retournements d'une pensée acceptée comme irrémédiablement plurielle. Plus de trente années de fréquentation de l'œuvre nietzschéenne[1] nous ont peu à peu imposé une issue, et une seule, permettant d'échapper à ce dilemme : de *La Naissance de la tragédie* à *Ecce Homo*, tous les textes nietzschéens, sans exception, doivent être lus comme des textes consacrés à l'avenir de l'homme et de la civilisation. Aborder l'œuvre de Nietzsche comme une vaste entreprise futurologique, ce n'est pas seulement lui restituer sa dominante, c'est redonner son unité à un itinéraire dont les étapes successives sont autant d'ouvertures sur l'avenir liées les unes aux autres et qui s'engendrent dans un processus ne laissant pas la moindre place à la gratuité.

Nietzsche a été philosophe **avant** que d'être philologue, ainsi que l'attestent les remarquables et profonds essais qu'il rédigea durant son adolescence[2]. C'est en philosophe qu'il tente d'élucider les conditions du travail prophétique ; en philosophe qu'il place le problème de la temporalité au centre de ses réflexions ; en philosophe qu'à partir d'une connaissance certaine, bien qu'essentiellement indirecte, de la philosophie critique kantienne comme de la conception hégélienne de l'histoire, il engage avec l'ensemble de la pensée occidentale un débat qui occupera la totalité de sa vie intellectuelle. En renouant avec le sens présocratique du devenir, il fait voler en éclats le temps linéaire et nous installe peu à peu dans une durée

1. Fréquentation résumée dans l'avertissement qui précède.
2. On trouvera une traduction française de ces écrits d'adolescent dans le volume *Écrits autobiographiques*, publié sous la direction de Marc Crépon (Paris, PUF, collection « Épiméthée », 1994). On ne peut qu'être fasciné par les deux petits bijoux philosophiques rédigés par Friedrich à l'âge de seize ans à peine, et traduits dans cet ouvrage par Max Marcuzzi : *Fatum et Histoire* et *Liberté de la volonté et Fatum* (*op. cit.*, p. 187-194, et p. 195-197).

apte à réorienter notre intelligence et à métamorphoser notre volonté.

Dès les années bâloises, le contexte politique et culturel dans lequel évolue le jeune Nietzsche lui donne la certitude qu'il vit un moment décisif de l'histoire, certitude qui ne le quittera plus. De novembre 1871, date à laquelle il écrit à son ami Gersdorff que « ce n'est plus qu'à titre de combattants que nous conservons le droit d'exister aujourd'hui, à titre de pionniers d'un *sæculum* à venir »[1], jusqu'aux formules ironiquement mégalomaniaques d'*Ecce Homo* par le biais desquelles il s'identifie à un *fatum* qui « brise l'histoire de l'humanité en deux tronçons »[2], tous les écrits nietzschéens sont portés par la conviction que l'humanité vit un moment crucial de son évolution. On nous rétorquera qu'une telle intuition est d'une extrême banalité. Mais, outre que la banalité d'une intuition ne suffit pas à en éradiquer la validité, Nietzsche a mis toutes ses ressources intellectuelles au service de la démonstration de son intuition fondamentale. On ne saurait réduire sa pensée ni à un millénarisme en attente des « horizons les plus reculés, les plus prolifiques et les plus riches d'espoir »[3], même si la plupart des écrits de la période qui est souvent qualifiée de « positiviste »[4] (1878-1883) retentissent de l'évangile joyeux de la venue des « esprits libres », ni à une prophétie apocalyptique brandissant, face à l'optimisme

1. Lettre à Carl von Gersdorff du 18 novembre 1871, Nietzsche, *Correspondance*, tome II (avril 1869-décembre 1874), Paris, Gallimard, 1986, p. 221.
2. *Ecce Homo, O.C.*, tome VIII, volume 1, Paris, Gallimard, 1974, p. 340.
3. *Écrits posthumes 1870-1873, O.C.*, tome I, volume 2, Paris, Gallimard, 1975, p. 295.
4. Si j'ai recours aux guillemets pour cette première occurrence de l'adjectif « positiviste » dans mon travail, c'est parce qu'il a un sens particulier dans le langage nietzschéen, et que les commentateurs (tel Eugen Fink) ont plutôt eu recours à l'expression d'« Aufklärung » pour désigner ce moment de l'itinéraire du philosophe. Dans la suite de mon essai, j'écrirai « positivisme » et « positiviste » sans guillemets.

de la faiblesse, l'image de « l'urne funéraire du **dernier** homme »[1], même si les intuitions apocalyptiques constituent à l'évidence un élément capital en lequel on a voulu parfois enfermer le message du philosophe-prophète.

Une expression, souvent présente sous la plume du jeune auteur des années 1870, permet de tracer les lignes de force que toutes les œuvres postérieures suivront et dont elles décrypteront le jeu complexe : il s'agit de l'expression **« croisée des chemins »** (« Kreuzweg »). Son occurrence la plus riche nous apparaît être celle de la quatrième des *Conférences sur l'avenir de nos établissements d'enseignement.* Le philosophe qui sert dans le récit de porte-parole à Nietzsche adresse aux jeunes gens avec qui il converse, au terme de la quatrième conférence, un appel teinté d'angoisse :

> « Prenez du temps, portez cela avec vous, mais pensez-y jour et nuit. Car vous êtes maintenant à la **croisée des chemins**, vous savez maintenant où conduisent les deux voies[2]. »

Une telle formule nous révèle que la méditation de ce que la période actuelle contient de décisif pour l'avenir constitue pour le philosophe la tâche première de la pensée. Elle nous indique, d'autre part, que la période qui s'ouvre pour la civilisation occidentale n'est pas le prélude d'une brutale rupture, mais bien celle **d'un choix** : la « croisée des chemins » n'est pas virage, mais carrefour. Ces deux voies qui s'ouvrent aux hommes, elles prennent leur origine bien loin en arrière de nous, mais il faudra de longues années à Nietzsche pour être capable d'en décrypter la généalogie. Anticiper ce qui adviendra selon que nos contemporains choisissent de s'engager sur la voie facile de l'uniformisation et de l'atomisation indifférenciante, ou sur la

1. *Aurore, O.C.*, tome IV, Paris, Gallimard, 1970, § 49, p. 49.
2. *Écrits posthumes 1870-1873, op. cit.*, p. 143.

voie exigeante de la distinction et de la création hiérarchisante, telle est bien dès les premiers écrits la mission que se fixe notre futurologue, qui n'aura plus qu'à reprendre sans se lasser ces analyses initiales, à étayer toujours davantage son argumentation, pour affiner et compléter le tableau des deux possibles qui nous attendent. Zarathoustra, par le biais des deux portraits qu'il tend à la foule dès ses premiers discours, celui du « dernier homme » et celui du « Surhomme », les symbolisera définitivement.

Ainsi la « croisée des chemins » nous apparaît-elle comme l'image privilégiée permettant de symboliser l'unité et la cohérence de l'itinéraire nietzschéen. Il suffit de distribuer, tout au long des deux axes issus des temps archaïques qui débouchent sur le moment présent, et tout au long des deux autres axes qui prolongent vers l'avenir les deux précédents en nous offrant une alternative à laquelle nous ne saurions nous dérober, les milliers d'aphorismes laissés par le philosophe-prophète, pour métamorphoser une recherche apparemment hétéroclite en une investigation rigoureusement programmée. Les cinq scénarios (on m'autorisera ce vocabulaire cher aux futurologues de la fin du XXe siècle) que notre recherche nous a permis de distinguer au sein de la prospective nietzschéenne ne sont pas des visions successives et hétérogènes de l'avenir, ils sont l'aboutissement des efforts conjugués d'un haruspice aux méthodes rationnelles et d'une pythie aux facultés surprenantes. Nous démontrerons que le passé le plus lointain et l'avenir le plus éloigné ont toujours été saisis **conjointement** par Nietzsche. La fascination pour la Grèce présocratique engendre un premier scénario, celui d'une renaissance prochaine de la civilisation ; la généalogie de la morale et de la religion autorise ensuite la prophétie du règne des « esprits libres » ; les enseignements de la « nuit des temps » cosmologique et biologique laissent entrevoir la dégénérescence et peut-être la proche disparition de l'espèce humaine ; la mise à jour de l'archaïque invention du monde rend concevable, chez un être libéré des anciennes croyances et apte à assimiler le savoir scientifique, une nouvelle coloration de la réalité, la scène du Surhumain ; enfin, la généalogie du christianisme et la recherche désespérée d'une origine forte alimentent les inquiétantes annonces du prophète de la « grande politique ». Le « portique » de l'instant[1] que Zarathoustra, nous léguant son savoir le plus profond et le plus énigmatique, cherche à nous faire percevoir, est l'autre nom de cette « croisée des chemins » que nous venons d'esquisser. Pour penser le présent, Nietzsche n'a cessé de se situer au centre de cette croix qui clôt le passé et ouvre l'avenir : loin d'être triviale, son intuition d'une humanité à la croisée des chemins est d'une réelle originalité. Premier penseur à avoir compris que l'enfermement dans un espace temporel réduit était le « péché originel des philosophes »[2], il a recouvré l'innocence intellectuelle en situant l'ensemble de ses analyses au sein du temps long du cosmos et de la vie. Mettant sans cesse en conjonction l'archaïque qui survit en nous et l'avenir lointain dont nous portons déjà le filigrane, il a jeté sur le présent un regard si perçant qu'un siècle après lui aucune analyse approfondie de notre époque n'a pu être conduite qui ne soit la répétition, ou du moins qui ne s'inscrive dans le prolongement direct, de son herméneutique.

1. *Ainsi parlait Zarathoustra, O.C.*, tome VI, Paris, Gallimard, 1971, « De la vision et de l'énigme », p. 177.
2. *Humain, trop humain*, § 2, *O.C.*, tome III, volume 1, Paris, Gallimard, 1968, p. 24.

Première partie
Ouvertures sur l'avenir

Tous les événements de l'existence et de la vie intellectuelle de Friedrich Nietzsche semblent ordonnés par un génie dont le malin plaisir aurait été de tourner vers l'avenir un être apparemment prédisposé par sa nature et son éducation à privilégier le passé. Mais y a-t-il réellement contradiction entre la personnalité profonde du philosophe et une réalité extérieure qui viendrait la narguer ? Nietzsche n'a cessé d'affirmer que les événements et les hasards de l'existence ne réveillent en nous que ce qui s'y trouve déjà. En étudiant les deux figures oraculaires que sont la pythie et l'haruspice, dont il va calquer tour à tour les démarches, nous tenterons précisément de rendre évidente la lutte qui oppose dans la sensibilité et l'intelligence du philosophe un mépris indéracinable du temps historique et une tension vers le futur qui le distingue de tous ses prédécesseurs.

Chapitre I : Les intuitions de la pythie.

Dionysos est la divinité dont Nietzsche a su déceler le jeu tragique derrière le culte de la beauté et l'apparente sérénité du peuple grec. Il est aussi le double auquel le philosophe a fini par s'identifier en ces journées de janvier 1889 dont on ne saura jamais si elles appartiennent déjà à la sombre folie qui emprisonnera jusqu'à sa mort le génie terrassé, ou si au contraire elles résonnent de l'éclat de rire d'un penseur parvenu au sommet de sa terrible lucidité. Mais l'omniprésence du dieu tragique a contribué à occulter la divinité avec laquelle Dionysos noue une « alliance fraternelle », la divinité sans laquelle aucune création artistique ne saurait voir le jour : Apollon, dieu du rêve et de la prophétie. Rêve prémonitoire, vision prophétique, mythe collectif, telles sont les trois modalités apolliniennes d'une exploration du futur qui représente une tâche majeure pour l'auteur du *Zarathoustra*. De la petite enfance à la rédaction de *La Naissance de la tragédie*, le masque de la pythie colle au visage de celui qui franchit malgré lui, puis décide de traverser sciemment, la frontière qui sépare le présent de l'avenir.

§ 1 : Les précognitions oniriques de l'enfance.

La première ouverture par laquelle le futur s'engouffre dans l'esprit de Friedrich Nietzsche relève de ce que l'on nomme généralement « précognition ». Deux rêves prémonitoires ont marqué sa jeunesse, qui n'ont pu que laisser en son esprit des traces indélébiles, ainsi qu'en témoignent les premiers essais littéraires du jeune adolescent. Entre 1858 et 1864, c'est-à-dire entre quatorze et vingt ans, Friedrich écrit ou réécrit à cinq reprises le récit de sa jeune existence[1]. La première de ces narrations est la plus intéressante : en août 1858, âgé d'un peu moins de quatorze ans, Friedrich nous rapporte un rêve prémonitoire qu'il fit à cinq ans, quelques mois à peine après la mort de son père. Écoutons l'adolescent de quatorze ans nous relater la vision de ses cinq ans :

> « J'entendis dans l'église le son de l'orgue, comme à un enterrement. Et tandis que j'en cherchais la cause, une tombe s'ouvrit soudain et mon père en sortit, vêtu de son linceul. Il marcha à grands pas vers l'église et revint bientôt avec un petit enfant dans les bras. La tombe s'ouvrit à nouveau, mon père y descendit et la pierre se referma. Aussitôt le grondement de l'orgue se tut et je m'éveillai. Le jour qui suivit cette nuit, mon petit frère Joseph tomba brusquement malade, il eut des convulsions et mourut en quelques heures. Notre peine fut terrible. Mon rêve s'était totalement réalisé[2]. »

Le contenu et la structure de cette prémonition méritent un examen attentif. Retenons en premier lieu son caractère onirique (le rêve n'étant pas l'unique medium des précognitions). Retenons ensuite la présence du père en tant que « héros » du rêve prémonitoire. Sept mois après sa disparition, l'image du père demeure vivace dans le psychisme de l'enfant de cinq ans, et cette image semble à la fois douce et mortifère. Douce dans la mesure où elle associe la personne du père à la musique, Friedrich se souvenant des talents de pianiste et d'organiste de son père dont les improvisations le fascinaient déjà alors qu'il avait à peine

---

1. Ainsi que le fait nettement apparaître la bibliographie exhaustive élaborée par Kurt Paul Janz dans son ouvrage *Nietzsche-biographie*, tome III, Paris, Gallimard, 1985, p. 607 *sq.* :
   - 18 août-1er septembre 1858 : *Aus meinem Leben*
   - 6 février 1859 : *Mein Leben*
   - avril 1861 : *Mein Lebenslauf*
   - 18 septembre 1863 : *Mein Leben*
   - septembre 1864 : *Mein Leben.*
2. *Aus meinem Leben*, 18 août-1er septembre 1858. Cité d'après Curt Paul Janz, *Nietzsche-biographie*, tome I, Paris, Gallimard, 1984, p. 37.

plus d'un an[1] ; douce en tant que la vision, en soi effrayante, d'un revenant portant dans ses bras un enfant mort, n'est à aucun moment décrite par lui comme angoissante. Mais cependant mortifère, l'image du père étant doublement enracinée dans la mort.

Venons-en à l'essentiel : la structure même de l'image par le biais de laquelle le futur se révèle à l'esprit de l'enfant. Il ne s'agit point ici d'une image fidèle de l'événement à venir, mais bien d'un mixte mêlant le futur proche au passé récent, d'une image annonçant l'événement prochain en modelant les matériaux de la mémoire. Le rêve de l'enfant relie le passé (la mort du père) à l'avenir (le décès du jeune frère), il combine les images-souvenirs des mois précédents (musique d'orgue dans l'église, père portant son enfant dans les bras, décès et enterrement du père) pour construire l'image du futur. C'est précisément ce lien entre le passé et l'avenir qui structurera l'ensemble de la futurologie nietzschéenne.

Un dernier aspect du rêve prémonitoire exige une analyse : il s'agit de la musique qui rythme l'ensemble, qui porte littéralement la vision, précédant son apparition, scandant son déroulement, clôturant la séquence. Nietzsche était, dès sa prime enfance, un auditif beaucoup plus qu'un visuel. « L'oreille, chez lui, l'emportait de loin sur l'œil », ainsi que le note à plusieurs reprises Curt Paul Janz dans sa remarquable biographie[2]. Les diverses pathologies visuelles, dont Nietzsche a souffert sa vie durant, n'ont fait que renforcer et dramatiser une tendance innée. Portée par la musique, guidée par elle, la pensée nietzschéenne de l'avenir, que

---

1. Voir *Nietzsche-biographie*, de Janz, *op. cit.*, tome I, p. 33. Ce rôle du père dans la formation du goût de l'enfant sera affirmé une dernière fois dans *Ecce Homo* : « Pourquoi je suis si sage », § 3, 4 et 5 en particulier (*Ecce Homo*, *O.C.*, tome VIII, volume 1, *op. cit.*, p. 248 *sq.*).
2. Janz, *Nietzsche-biographie*, tome I, *op. cit.*, p. 65.

les compositions wagnériennes inspireront au point d'en ponctuer le génial début (*La Naissance de la tragédie*) et l'ultime révolte (*Nietzsche contre Wagner*), n'est-elle pas étrangement préfigurée dans cette première révélation du futur dictée par les harmonies de l'organiste Ludwig Nietzsche ?

On serait bien entendu en droit de nous objecter l'affabulation de l'adolescent de quatorze ans, déjà habile à modifier en sa faveur le passé, technique dont il abusera dans *Ecce Homo* et dans les biographies fantaisistes dont il jalonnera les derniers mois de son existence lucide. Mais une seconde expérience de précognition vient en renforcer la crédibilité, rapportée cette fois par sa sœur Élisabeth dans son ouvrage *Der Junge Nietzsche.* Elle y relate un autre rêve prémonitoire que Friedrich fit en août 1859, rêve annonciateur d'un décès cette fois encore. Voici le récit d'Élisabeth :

> « Nous fêtions le soixante-douzième anniversaire de grand-papa Oehler, le 2 août 1859. Oncles, tantes, cousins, nous nous étions tous retrouvés en grand nombre à cette occasion. Descendant de bonne heure, je trouvai Fritz au jardin, déjà levé. Il vint à ma rencontre, et me confia qu'il avait été réveillé très tôt par un rêve étrange : tout le presbytère de Pobles gisait en ruine, et la pauvre grand-mère restait seule, assise parmi les décombres et les charpentes effondrées. Il s'était réveillé en larmes, et n'avait pu se rendormir. Maman nous interdit de souffler mot de ce rêve. D'ailleurs, notre cher grand-papa était si alerte et vigoureux qu'on lui aurait encore donné pour vingt ans à vivre. Mais à la fin de l'été, il prit un refroidissement et tomba gravement malade : grand-papa, lui qui n'avait jamais reçu le docteur qu'en ami, jamais en praticien, dut à présent recourir à ses soins. On diagnostiqua une grippe, et au milieu de l'hiver s'éteignit cet être que nous chérissions tant[1]. »

1. Cité d'après Janz, *Nietzsche-biographie*, tome I, *op. cit.*, p. 72-73. Le récit d'Élisabeth se trouve dans son ouvrage *Der Junge Nietzsche*, Leipzig, Kröner, 1912, p. 97.

Selon Curt Paul Janz, ce second rêve prémonitoire semble la dernière manifestation du genre qu'a réellement eue, ou qu'a cru avoir, Friedrich Nietzsche. Certes rien ne nous a été conservé d'expériences analogues qui auraient été vécues par lui après cette date. Mais ne pourrait-on considérer certains fragments curieux, épars dans l'œuvre posthume, comme la transcription d'intuitions précognitives ? Par exemple celui-ci, datant de la fin de l'année 1870 :

> « Je vois [« Ich sehe »] d'énormes conglomérats prendre la place des capitalistes individuels. Je vois [« Ich sehe »] la Bourse s'effondrer sous la malédiction sous laquelle les maisons de jeu sont déjà tombées[1]. »

Ces quelques lignes relèvent-elles de la précognition ? Ou sont-elles simplement le reflet de lectures économiques faites à cette époque ? Nous ne saurions trancher entre les deux hypothèses. Ce qui est indéniable, c'est que toute la vie intellectuelle de l'adulte Nietzsche sera marquée du sceau de la « vision ». Étrange paradoxe pour un philosophe dont les troubles visuels ont perturbé l'existence au point de faire de lui, à certains moments de sa vie, un quasi-aveugle. Non pas paradoxe, mais banale compensation, répondra le psychologue. Retenons simplement que le futur, sous son aspect le plus tragique, s'est dévoilé à Friedrich qui a su dès sa prime enfance que l'avenir lui était accessible, qu'une ouverture sur le futur lui était ménagée.

§ 2 : Apollon, dieu du rêve et de la prophétie

Les rêves prémonitoires de Nietzsche enfant lui ont donc révélé une transparence possible de l'avenir. Il est fort probable que ces

1. F.p. 5 [105], in *La Naissance de la tragédie, O.C.*, tome I, volume 1, Paris, Gallimard, 1977, p. 246.

rêves ont été en partie à l'origine de l'intérêt considérable que le philosophe Nietzsche porte au monde onirique, ce que n'ont pas toujours su percevoir ses interprètes[1]. Un tel intérêt est manifeste à propos de la civilisation hellénique. Le couple Apollon-Dionysos, qui symbolise la spécificité du regard nietzschéen sur la Grèce et la clef qui lui ouvre les portes les plus secrètes d'une civilisation inégalée, est éclairé à toutes les pages de *La Naissance de la tragédie* par l'opposition du rêve et de l'ivresse :

> « Pour nous rendre plus proches ces deux impulsions, représentons-les nous d'abord comme les deux mondes esthétiques distincts du **rêve** et de l'**ivresse** [...]. La belle apparence de ces mondes du rêve que tout homme enfante en artiste consommé est ce que présuppose l'ensemble des arts plastiques [...]. Notre être le plus intime, ce fond souterrain qui nous est commun à tous, trouve à faire, dans le rêve, l'expérience d'un plaisir profond et d'une heureuse nécessité. C'est l'expérience de cette heureuse nécessité du rêve que les Grecs ont en quelque sorte exprimée dans leur Apollon : Apollon, le dieu de toutes les formes plastiques, est en même temps le dieu prophétique[2]. »

Expression du monde onirique, dieu des belles formes, Apollon préside aux créations plastiques dont nos rêves sont les manifestations originaires. Mais en quoi la dimension prophétique d'Apollon est-elle en harmonie avec ses autres talents ? Si le disciple de Wagner avait été gêné par cet attribut apollinien, la liberté qu'il prend avec la religion hellénique nous autorise à penser qu'il n'aurait éprouvé aucun scrupule à l'éliminer. Le rappel insistant de cet attribut prophétique ne serait donc explicable qu'en référence aux rêves prémonitoires de Friedrich. Si nous pouvons nous étonner

1. Ce privilège est mis en évidence dans notre étude *Le Rêve dans la pensée de Nietzsche*. Pour un examen plus approfondi, on se reportera donc à cette étude publiée en 1978 dans la *Revue de l'Enseignement Philosophique* (28e année, n° 5, juin-juillet 1978, p. 11 à 32). Texte disponible sur mon site internet www.granarolo.fr.
2. *La Naissance de la tragédie*, § 9, *op. cit.*, p. 42-43.

de voir en Apollon le dieu des arts plastiques en même temps que celui de la prophétie, Nietzsche, lui, sans la soumettre à la moindre analyse théorique, trouve cette liaison tout à fait naturelle : averti par les rêves de son enfance, il subsume sous le nom d'Apollon la diversité du monde onirique, c'est-à-dire **à la fois** le flot nocturne d'images d'où dérivent toutes nos créations plastiques, et le dévoilement du futur que permettent les images messagères de nos rêves ou les transes de l'oracle de Delphes. C'est bien Apollon, dieu du rêve, qui nous tourne vers le futur et vers la création, tandis que Dionysos, dieu de l'ivresse, nous ramène vers une origine toujours présente et nous replonge dans une éternité réduisant à néant nos projets et nos inquiétudes.

Une autre manifestation essentielle de l'ouverture apollinienne vers l'avenir est la transe prophétique de la pythie. Nietzsche n'y fait guère allusion dans *La Naissance de la tragédie* (le mot « pythie » n'apparaît qu'une seule fois dans l'ouvrage, au chapitre 13), mais les multiples références à l'attribut prophétique apollinien compensent très largement cette absence. C'est dans le temple d'Apollon, à Delphes en particulier, et non pas dans les fêtes en l'honneur de Dionysos, que s'abolit la frontière entre le présent et le futur, que la divinité désigne aux hommes un avenir qu'elle ne peut leur dévoiler dans le langage transparent de la rationalité. Dionysos ne demeure pas absent pour autant : ainsi, à propos d'Œdipe, Nietzsche expose-t-il au paragraphe 9 une parfaite conjonction entre les deux divinités qui ne le cède en rien à la réconciliation qui s'opère sur la scène tragique :

> « Là où des forces prophétiques et magiques ont aboli la frontière entre présent et futur, brisé la loi rigide de l'individuation et, de manière générale, rompu le charme propre de la nature, il faut en chercher la cause dans quelques monstrueuses transgressions de la nature – comme ici l'inceste[1]. »

1. *La Naissance de la tragédie*, § 9, *op. cit.*, p. 79.

L'activité prophétique est ici dépeinte en des termes indiscutablement dionysiaques : la fin de l'individuation, la transgression des règles et de l'harmonie lumineuse de la nature, la libération sexuelle sont l'apanage de Dionysos. Temple de Delphes, théâtre tragique, *Naissance de la Tragédie* : trois lieux où se joue la même scène originaire, trois espaces où Apollon et Dionysos se rejoignent. La valeur de la tragédie était de constituer un microcosme grâce auquel le spectateur grec comprenait le jeu du monde. En écrivant *La Naissance de la tragédie*, Nietzsche ouvre un espace aussi ambigu que le temple de Delphes. Entre les colonnes de ce haut lieu de l'apollinisme, la parole prophétique faisait résonner des sonorités magiques brisant les frontières temporelles. Dans le livre de 1872 s'expriment à la fois le retour de Dionysos et le discours apollinien d'un oracle : la pythie Nietzsche y annonce, en langage difficile et codé (livre « mal écrit, lourd, pénible, frénétique... », écrira-t-il dans son *Essai d'autocritique* de 1886[1]), la nouvelle configuration à venir de la science et de l'art. « Livre impossible »[2], sans doute, mais point de départ nécessaire qui apprendra au philosophe que la réconciliation d'Apollon et de Dionysos ne se décrète pas, que la prophétie est apollinienne dans la mesure où elle est technique, et que l'inspiration dionysiaque n'est accordée, elle, qu'à celui qui a d'abord tendu vers le futur sa conscience et sa volonté.

§ 3 : Du rêve au mythe

Le monde apollinien est également celui de la religion, signifiée dans toute l'œuvre du philosophe allemand par le mot « Mythus ». Dès *La Naissance de la tragédie*, Nietzsche établit un

---

1. *Essai d'autocritique*, § 2, *ibid.*, p. 27.
2. *Ibid.*

lien indissoluble entre le rêve et le mythe. Les rêves des Grecs se rassemblent dans le mythe, le mythe s'exprime dans la tragédie, la tragédie reflète le jeu cosmique, le jeu cosmique est le rêve d'un Dieu qui engendre et détruit tour à tour des images aussi évanescentes que les châteaux de sable de l'enfant héraclitéen[1]. Admirable jeu de miroirs qui donne au premier grand texte philosophique de Nietzsche une configuration sans égale dans l'histoire de la philosophie : seul le dernier miroir sera brisé par le philosophe dans les années qui suivront, puisqu'il dénoncera, en particulier dans son *Zarathoustra* (au chapitre « Des hallucinés de l'arrière-monde »), le fantasme théologique de sa jeunesse. Mais l'identification finale à Dionysos (lisible dans les fameux « billets de la folie » barbouillés à Turin en janvier 1889) n'est-elle pas en partie enfantée par la culpabilité née de cette destruction ? Il est certain en tout cas que les trois premiers miroirs et leur jeu resteront d'un bout à l'autre de l'œuvre les instruments privilégiés du philosophe s'efforçant de capter les reflets évanescents du monde à venir.

Mais qui produit ce rêve partagé qu'est le mythe ? Cette question constitue un invariant de la recherche du philosophe, qui y répond à chaque paragraphe de *La Naissance de la tragédie*, qui y revient dans quelques-uns des aphorismes les plus décisifs du *Gai Savoir. Ainsi parlait Zarathoustra* est en sa totalité une réponse à cette interrogation, que l'on retrouve dans *Le Crépuscule des Idoles.* Nietzsche semble hésiter entre deux hypothèses : celle d'une invention mythologique collective, et celle d'une création beaucoup plus individualisée. C'est le peuple grec tout entier (« le

1. Voir *La Naissance de la tragédie*, § 24, *op. cit.*, p. 154. « Ainsi Héraclite l'Obscur comparait-il la force formatrice du monde à un enfant qui, en jouant, pose çà et là quelques cailloux ou bien édifie des tas de sable pour les renverser de nouveau. » Nietzsche cite à plusieurs reprises dans ses œuvres de jeunesse cet aphorisme d'Héraclite qui est sans doute pour beaucoup dans la généalogie héraclitéenne revendiquée par le philosophe.

Grec », « les Grecs », répètent *La Naissance de la tragédie* et les fragments posthumes contemporains de cette première œuvre) qui crée sa mythologie, c'est le chœur dionysiaque qui enfante le mythe tragique. L'hypothèse d'une création mythologique collective est maintenue jusqu'en 1882, l'un des plus beaux paragraphes du *Gai Savoir*, le paragraphe 54 intitulé « La conscience et l'apparence », réaffirmant le caractère collectif du mythe. On nous objectera sans doute qu'il n'est pas question de mythologie dans ce texte qui résume parfaitement ce que l'auteur du *Gai Savoir* considère comme sa découverte :

> « J'ai découvert pour ma part que la vieille humaine animalité, voire la totalité des temps originels et du passé de tout être sensible continuait à poétiser, à aimer, à conclure en moi, – je me suis brusquement réveillé au milieu de ce rêve [...][1]. »

Mais si l'on conserve en mémoire le fait que Nietzsche interprète comme « rêve commun » le monde visible en lequel se sont déposées au cours de l'évolution nos métaphores les plus réussies, et si l'on prend garde que ce fragment du *Gai Savoir* s'interroge sur la possibilité pour un être dégrisé par la science de conserver les illusions nécessaires sans lesquelles il périrait, on conviendra que le mythe est au cœur du débat. Le mythe de l'âge scientifique cette fois, le mythe qu'une humanité connaissante doit engendrer si elle veut échapper à l'autodestruction. À l'âge de la science, la collectivité des connaissants reçoit mission de produire le nouveau mythe qui perpétuera le bal :

> « [...] le « connaissant » n'est destiné qu'à traîner en longueur la danse terrestre, dans ce sens il figure parmi les imprésarios des fêtes de l'existence, et la conséquence et le lien ineffables de toutes les connaissances constituent et constitueront peut-être le moyen suprême d'assurer l'universalité de la rêverie et la compréhension

1. *Le Gai Savoir*, livre 1, § 54, *O.C.*, tome V, Paris, Gallimard, 1982, p. 90-91.

mutuelle de tous ces rêveurs, et par conséquent d'entretenir la durée du rêve[1]. »

Chaque homme recèle en lui des capacités artistiques dont nos rêves sont le témoignage. Nietzsche l'affirme dès ses tout premiers écrits : « Ce n'est qu'une question de degrés et de quantités : tous les hommes sont artistes, philosophes, scientifiques, etc.[2] » Mais ces capacités universelles n'ont pu se manifester dans des créations personnelles qu'à partir du moment où l'individu a pu s'affirmer sur la scène de l'histoire. Ce n'est qu'à partir des Grecs que la puissance créatrice collective a su se concentrer en de grandes individualités aptes à engendrer le mythe offrant à chaque homme une part d'éternité. L'hésitation de Nietzsche est donc doublement compréhensible. D'abord parce qu'il ne nous reste pas le moindre document de ce qui a pu se passer dans les époques antérieures à l'invention de l'écriture. Ensuite, et surtout, parce que la conception nietzschéenne de l'individualité ne sépare jamais l'individu de son contexte.

Ainsi l'accentuation individualiste des derniers écrits est à mettre en relation avec une théorie de la civilisation qui prend corps peu à peu dans l'œuvre du philosophe, théorie à laquelle Patrick Wotling a consacré son ouvrage *Nietzsche et le problème de la civilisation.* Zarathoustra l'affirme avec la plus grande netteté, « créateurs furent les peuples d'abord, et les individus ensuite ; en vérité l'individu lui-même est encore la plus jeune créature »[3]. Avant la création de l'individu, le mythe ne pouvait être que l'invention collective d'un groupe humain, d'une ethnie, d'un peuple. À l'ère de l'individualisme apparaissent les créateurs, qui ne doivent cependant jamais être considérés comme des individus

1. *Ibid.*, p. 91.
2. *Le Livre du Philosophe,* § 65, Aubier-Flammarion, collection bilingue, Paris, 1969, p. 81.
3. *Ainsi parlait Zarathoustra,* livre I, « Des mille et une fins », *op. cit.,* p. 72.

isolés, mais comme des êtres exceptionnels qui expriment une vision du monde en laquelle fusionnent les énergies et les rêves d'une communauté d'hommes.

Du rêve au mythe, la conséquence est bonne. À l'origine de l'un et de l'autre, le même principe, la même énergie dont « Dionysos » n'est peut-être pas finalement la meilleure dénomination. En renonçant peu à peu à l'hallucination théologique de ses premiers écrits, en dépouillant Dionysos de ses oripeaux anthropomorphiques, Nietzsche découvre, ou plutôt, devrions-nous dire, redécouvre, la source véritable de toute naissance et de toute création : le « chaos ». Non pas tant le chaos cosmique, car l'univers a reçu au cours des milliards d'années de son existence la régulation qui lui donne sa forme. Mais un chaos biologique et psychique, un chaos intérieur, le chaos de notre cerveau, dernier morceau de l'univers non encore ordonné. Au milieu de l'année 1881, un fragment non publié délimite très précisément cette intériorité chaotique en laquelle s'accumulent les potentialités du monde à venir :

> « À tout instant le chaos poursuit encore son travail dans notre esprit : concepts, images, sentiments y sont fortuitement juxtaposés, jetés pêle-mêle [...]. C'est là le dernier petit fragment du monde où quelque chose de nouveau se combine, tout au moins aussi loin que porte le regard humain. Et pour finir, là encore il s'agira d'une nouvelle combinaison chimique qui, en effet, n'a pas encore sa pareille dans le devenir du monde[1]. »

En ce chaos est donc déjà inscrit le futur, et à celui qui saurait l'explorer il laisserait apparaître quelques-unes de ses faces. À partir de 1881, Nietzsche se lancera lui-même dans cette aventure. Mais bien avant ce voyage, un autre chemin vers le futur s'ouvre devant lui, un chemin plus lumineux : celui d'une prophétie

1. *Le Gai Savoir*, F.p. 11 [121], *op. cit.*, p. 354.

rationnelle étouffant provisoirement la voix de la pythie qui entrera en sommeil quelques années durant.

Chapitre 2 : Sous le couteau de l'haruspice

Au moment même où l'image de la pythie apollinienne éblouit le regard nietzschéen, les yeux du philosophe se détournent curieusement vers une nouvelle figure prophétique : celle de l'haruspice romain. Première grande variante de ces va-et-vient que Nietzsche ne cessera d'effectuer entre monde hellénique et civilisation romaine. Sur ce plan les conférences prononcées à Bâle durant les premiers mois de 1872 forment avec *La Naissance de la tragédie* qui vient d'être publiée un étonnant contraste. En effet début 1872, Friedrich Nietzsche donne à Bâle, où il occupe depuis trois ans la chaire de philologie, une série de cinq conférences. Un simple examen des titres suffit à mettre en évidence l'opposition entre l'origine (« die Geburt ») recherchée dans l'essai et l'avenir (« die Zukunft ») interrogé dans les conférences bâloises, regroupées sous le nom de *Conférences sur l'avenir de nos établissements d'enseignement*[1]. Ces conférences nous livrent un diagnostic sans pitié sur l'enseignement supérieur allemand, mais surtout inaugurent une véritable étude prospective de ce que va devenir la culture allemande sur les

1. Les cinq conférences, furent prononcées à Bâle les 16 janvier, 6 et 27 février, 5 et 23 mars 1872, dans le cadre des activités de la Société Académique de la ville. Ces conférences attirèrent un large auditoire, dont de nombreux collègues de Nietzsche parmi lesquels Jacob Burckhardt fasciné par « le grand talent du conférencier » (lettre à A. Von Satis du 21 avril 1872, citée par Janz, *Nietzsche-biographie*, tome I, *op. cit.*, p. 405). La sixième conférence promise ne fut pas rédigée et la publication de l'ensemble resta à l'état de projet.

bases de ce présent. Comment le jeune philologue bâlois peut-il, à partir des fragiles et minces expériences de sa vie estudiantine et des premiers mois de son enseignement universitaire, parcourir du regard ce qui ne semblerait accessible qu'à un vieux professeur à la longue carrière ? Peut-être est-ce en raison des scrupules qu'une telle audace a dû inévitablement éveiller chez lui que le conférencier de Bâle a choisi pour porte-parole un vieux philosophe plein d'expérience. Quoi qu'il en soit, la véritable réponse à ces questions nous est fournie quelques années plus tard, au paragraphe 616 d'*Humain, trop humain* :

> « Il y a de grands avantages à se faire une bonne fois et dans une large mesure étranger à son temps, à se laisser [...] flotter sur l'océan des conceptions passées du monde. De là, reportant ses regards vers la côte, on en embrassera, pour la première fois sans doute, la configuration d'ensemble, et on aura, au moment de s'en rapprocher, l'avantage de la comprendre mieux en totalité que ceux qui ne l'ont jamais quittée[1]. »

L'inactualité du penseur, son détour par la Grèce présocratique, sa longue fréquentation des auteurs antiques, sont donc conçus comme la voie royale de l'herméneutique du présent. Le philosophe a réussi à mettre au service de sa méditation l'odyssée, en grande partie accidentelle, qui l'avait conduit, guidé par Ritschl, sur les rivages de la Grèce et de Rome.

Plusieurs fois remaniée, la préface rajoutée par Nietzsche à ces cinq conférences en vue de leur publication est un véritable « discours de la méthode prophétique ». Peut-être en réponse à certaines critiques entendues à Bâle, il y décrit la technique qui lui a permis cette exploration du futur. Il nous faut citer ici tout un paragraphe de cette préface décisive :

1. *Humain, trop humain*, volume I, livre IX, § 616, *op. cit.*, p. 293.

« Vouloir être prophète est sans doute la plus grande des présomptions, si bien qu'il paraît ridicule de déclarer qu'on ne veut pas l'être. Personne n'aurait le droit de parler sur le ton de l'oracle de l'avenir de notre culture et de la question qui y est liée, l'avenir de nos moyens et de nos méthodes d'éducation, s'il ne pouvait prouver que cette culture à venir est dans une certaine mesure **déjà un présent** et que dans une mesure plus grande encore, elle doit s'étendre pour exercer une influence nécessaire sur l'école et les institutions d'éducation. Qu'on me permette de **deviner l'avenir, comme un haruspice romain, dans les entrailles du présent**, ce qui, dans le cas qui nous occupe, ne signifie rien de plus et rien de moins que d'annoncer la victoire future d'une tendance de la culture qui existe déjà, bien que pour l'instant elle ne soit ni aimée, ni honorée, ni répandue[1]. »

Qu'un art romain, la technique divinatoire des haruspices, prenne à présent la place de la prophétie apollinienne incarnée par la pythie du temple de Delphes, est loin d'être négligeable. Le Nietzsche positiviste, celui qui succédera à partir de 1878 au wagnérien romantique, est déjà présent en 1872 dans cette substitution. En réalité, l'analyse rationnelle était déjà à l'œuvre dans *La Naissance de la tragédie*, mais, pourfendant dans ce livre la raison socratique, le disciple de Dionysos pouvait difficilement avouer qu'il trahissait déjà son nouveau dieu. Certaines formules pourtant ne laissaient aucun doute sur le caractère absolument **rationnel** de l'examen de la civilisation allemande qui y était développé : les « sûrs présages »[2] que le philosophe croyait déceler d'un réveil de l'esprit dionysiaque, il ne les avait pas perçus à travers un rêve prémonitoire ou par le biais d'une mystérieuse intuition, mais bien grâce à un examen synoptique de la civilisation allemande (son kantisme philosophique, la passion de ses poètes pour la Grèce, le renouveau de sa musique, etc.). La dénonciation

1. *Écrits posthumes 1870-1873*, *op. cit.*, p. 75.
2. *La Naissance de la tragédie*, § 19, *op. cit.*, p. 130.

radicale, par Nietzsche lui-même, de ce qu'il considérera comme une illusion absolue de sa jeunesse, ne remet nullement en cause la rationalité de l'analyse de 1871.

§ 1 : Technique de la prophétie.

Discours de la méthode prophétique, la préface, mais également l'avant-propos des cinq conférences, nous présentent les exigences quantitatives auxquelles doit obéir celui qui prétend au succès. La première règle prescrit l'échelle que l'on doit adopter si l'on veut lire l'avenir déjà inscrit dans le présent qui nous entoure. Même si l'haruspice Nietzsche parle à la première personne, pouvant donner l'impression d'une difficulté idiosyncrasique à embrasser un vaste horizon, l'échelle spatiale préconisée par lui ne saurait être réduite à une limitation subjective.

> « Je songe encore moins à prophétiser l'avenir de l'éducation et des moyens d'éducation en embrassant tout l'horizon des peuples cultivés d'aujourd'hui : à contempler l'immensité de ce champ, mon regard devient aveugle, comme il perd son assurance à examiner les objets trop rapprochés[1]. »

Les hasards de l'existence ont amené Nietzsche à connaître deux universités, Bonn et Leipzig, puis un autre système dans une autre nation, l'université de Bâle, excellent échantillon du système helvétique. Ainsi l'existence a-t-elle orienté son regard sur cette perspective moyenne qui évite le double écueil de l'expérience trop limitée, rendant périlleuse toute extrapolation, et du panorama exagérément vaste, conduisant presque inévitablement à négliger les particularités et à uniformiser les différences. La recherche de

1. *Écrits posthumes 1870-1873*, *op. cit.*, p. 74.

cette perspective moyenne continuera à préoccuper le philosophe longtemps après les conférences sur l'avenir des établissements d'enseignement.

La seconde règle, énoncée dans l'avant-propos, précise la limite que doit s'interdire de franchir l'herméneute. Pas question en effet d'outrepasser la mise en évidence des grandes lignes du monde à venir qui peuvent se lire dans la réalité actuelle. À la fois censeur du monde présent et confiant en un avenir plus favorable à la culture, Nietzsche s'interdit de présenter un programme (une « réforme du système éducatif », dirait-on aujourd'hui), il se refuse à décrire en détail le contenu et les horaires d'un enseignement futur enfin favorable à la culture authentique.

> « Je vois certes venir un temps où des hommes graves, au service d'une culture entièrement renouvelée et purifiée et dans un travail commun, redeviendront les législateurs de l'éducation quotidienne – de l'éducation qui mène à cette culture ; il est vraisemblable qu'alors ils feront des tableaux – mais que ce temps est éloigné ! Et que doit-il se produire entre-temps[1] ! »

Curieuse phrase, où c'est une vision qui interdit la prévision ! Mais ce double renvoi, par lequel l'haruspice Nietzsche annonce la venue de réformateurs qui eux-mêmes préluderont à des temps nouveaux, n'est-il pas exactement le même que celui mis en œuvre en 1883 par l'auteur du *Zarathoustra* annonçant un prophète qui annonce le Surhomme ? Nous serions donc en présence d'une structure fondamentale de la futurologie nietzschéenne, sur laquelle nous aurons à revenir. Contentons-nous pour l'instant de remarquer l'étrange présence en creux qui maintient une atmosphère de mystère tout au long des cinq conférences. Les conférences de 1872 décrivent l'étudiant Nietzsche et l'un de ses camarades rencontrant par hasard un vieux philosophe et son

1. *Écrits posthumes 1870-1873*, *op. cit.*, p. 78.

compagnon ; le conférencier nous rapporte leur conversation, dont l'essentiel est constitué par le discours critique du philosophe sur l'éducation et la culture allemande. Mais le philosophe et son compagnon attendent un personnage important, qu'ils devaient précisément rencontrer en ce lieu. « Tu sais qui nous attendons ici », dit le philosophe dans la quatrième conférence, « mais il ne viendra plus. C'est en vain que nous sommes restés ici si longtemps : partons »[1]. La cinquième conférence laisse supposer que la rencontre aura finalement lieu, mais cette attente ne sera jamais comblée, puisque la sixième et dernière conférence, bien qu'annoncée par Nietzsche, ne sera ni prononcée ni même écrite. Absence du personnage attendu, absence de la sixième conférence qui devait nous apporter la clef de l'énigme : n'est-ce pas déjà Zarathoustra qui marque de son ombre les conférences de Bâle ? Hypothèse extravagante ? Elle le semblera moins si l'on se réfère au double renvoi signalé plus haut. Refusant la prophétie détaillée, Nietzsche se réfugie, dans l'avant-propos des conférences, derrière la vision des visionnaires à venir, de ceux qui seront capables de prendre en main les rênes de la culture rénovée. De la même façon, il fait parler ce philosophe dont on devine qu'il est lui-même le porte-parole de l'énigmatique personnage que l'on attend et qui ne viendra pas. Onze ans plus tard, lorsque Zarathoustra, présent-absent des cinq conférences de Bâle, apparaît et prend la parole, c'est pour annoncer le Surhomme. Mais le Surhomme viendra-t-il ? N'est-il pas aussi absent du *Zarathoustra*, que le personnage des cinq conférences qui, bien qu'annoncé par « une lente phrase mélodique… renforcée par un grand nombre de voix jeunes »[2], n'apparaîtra pas ?

Une seconde hypothèse est envisageable, qui reviendrait à considérer que l'absent des cinq conférences n'est autre que

---

1. *Ibid.*
2. Cinquième conférence, *Écrits posthumes 1870-1873*, *op. cit.*, p. 147.

Wagner. Le grand compositeur, artiste de l'avenir, prophète de la nouvelle Allemagne et de sa culture révolutionnaire, se dérobe parce que Nietzsche devine déjà, sans vraiment se l'avouer, qu'il n'est pas le guide attendu. La musique et les voix jeunes, qui annoncent l'arrivée sur le fleuve du personnage attendu par le philosophe et son compagnon, joueraient en faveur de cette seconde hypothèse. Si nous la retenions, il nous faudrait alors faire remonter au début 1872 la distance prise par le philosophe à l'égard du musicien. Curt Paul Janz, dans sa biographie de Nietzsche, contribue à anticiper de plusieurs années la rupture que les interprètes s'étaient jusqu'alors accordés à situer en 1878. Notre lecture des cinq conférences nous amènerait à réduire encore davantage la période durant laquelle il fut l'admirateur inconditionnel de Wagner, et du même coup à faire commencer aussitôt après la publication de *La Naissance de la tragédie* la période positiviste du philosophe. Si le style nietzschéen demeure encore marqué par un certain feu romantique, le contenu des cinq conférences comme celui de la seconde *Inactuelle* sont assurément plus proches d'*Humain trop humain* que de l'enthousiasme wagnérien des premiers écrits.

Mais une troisième hypothèse (non exclusive des précédentes) s'impose. Nietzsche a dû lutter très tôt contre une foi en l'avenir qu'il jugeait indigne de son rejet aristocratique du temps historique. Le personnage absent des cinq conférences incarne également le prophète que Friedrich étouffe en lui. Il veut d'autant moins le laisser se manifester que ce prophète a commencé à l'emporter en prenant la parole, annonçant l'« **avenir** » des établissements d'enseignement en Allemagne. Présent-absent des cinq conférences, pareil en cela au Surhomme dont l'ombre visitera Zarathoustra, le Nietzsche-prophète ne cessera jamais d'être nié par le Nietzsche-philosophe : négation insupportable, peut-être à l'origine du dédoublement qui marquera une partie de son existence, et qui n'aura d'autre issue que la folie. Négation réitérée jusqu'en 1888, puisque l'avant-propos d'*Ecce Homo* est encore marqué par le besoin de nier la présence du prophète dans le corps du philosophe[1].

Les souffrances terribles qui sont le lot des prophètes, le souvenir enfoui des précognitions macabres de l'enfance, sont aussi à compter au nombre des raisons de ce refus. Mais Nietzsche aura beau tout mettre en œuvre pour tenter d'échapper à la tragique destinée des prophètes, tel Œdipe il ne fera que s'emprisonner dans la toile tissée pour lui par les Parques. La volonté la plus résolue et les meilleures raisons du monde n'ont jamais suffi à contenir les puissances du destin.

§ 2 : La culture comme perspective

Dans les conférences de Bâle comme dans la première *Inactuelle* nous apparaît très clairement la perspective choisie par Nietzsche pour évaluer le temps présent et décrypter en lui l'avenir qui s'y cache : il s'agit de la « culture », que l'on doit différencier de la « civilisation », dont elle n'est que l'achèvement non nécessaire. Chez Nietzsche, comme chez son collègue Burckhardt, l'auteur de *Die Kultur der Renaissance*, le mot « Kultur » désigne le développement de la vie intérieure de l'individu, l'épanouissement d'une riche personnalité, bien plus que les conditions matérielles et politiques qui caractérisent ce que la langue française appelle une grande « civilisation ». Un premier survol de la futurologie

1. « Qui parle dans ces pages n'est pas un "prophète", ni aucun de ces hybrides de maladie et de volonté de puissance que l'on nomme "fondateurs de religion". Il faut avant tout savoir **entendre** l'accent qui sort de cette bouche, cet accent alcyonien, pour ne pas se méprendre piteusement sur le sens de sa sagesse » (*Ecce Homo*, Avant-propos, § 4, *op. cit.*, p. 241).

nietzschéenne va nous montrer comment le jeune philosophe, tenant en ses mains le mètre de la culture, mesure l'avenir inscrit dans le présent.

Contemporain de la création du Reich allemand, Nietzsche est naturellement préoccupé de l'avenir de l'État politique qui vient de surgir bruyamment sur la scène de l'histoire. L'avenir de l'Allemagne à la lumière de la culture allemande, telle est la première étude prospective de l'auteur de *La Naissance de la tragédie*, des *Conférences sur l'avenir de nos établissements d'enseignement* et des quatre *Inactuelles*. Contrairement à une légende encore solidement ancrée, et qui voit en Nietzsche l'ancêtre du national-socialisme et le chantre du Reich à venir, le philosophe des années 1870 se montre à quiconque veut le lire comme l'un des tout premiers Allemands à percevoir les dangers extrêmes que la nation qui vient de naître va faire courir à l'Europe. Sa lucidité est d'autant plus remarquable qu'il est habité alors par un patriotisme indiscutable (comme le prouve son engagement volontaire en 1870), et que les grands espoirs issus de tout le romantisme allemand ont profondément pénétré sa sensibilité. Dès le 7 novembre 1870, il écrit à son ami Carl von Gersdorff :

> « Je considère la Prusse actuelle comme une puissance extrêmement dangereuse pour la culture »[1],

et le 12 décembre de la même année, il adresse du front cette lettre à sa famille :

> « Je perds petit à petit mes sympathies pour la guerre de conquête allemande. L'avenir de notre civilisation allemande me semble plus menacé que jamais[2]. »

1. Il s'agit bien d'une lettre à Carl von Gersdorff du 7 novembre 1870, et non pas d'une lettre à Ritschl du 29 octobre 1870, comme l'indique par erreur Janz (*Nietzsche-biographie*, tome I, *op. cit.*, p. 351).
2. Lettre à sa famille du 12 décembre 1870, citée par Janz, *ibid.*, p. 355.

Trois ans plus tard, la seconde *Inactuelle* met à jour la tendance que nous nommerions aujourd'hui totalitaire de l'État qui vient de se mettre en place. Juger « politique et policière » (« politisch und polizeilich ») la philosophie de son temps[1] semblera scandaleux à un historien. Mais si ce jugement, apparemment descriptif, est en réalité la mise à jour d'une tendance politique dont l'Allemagne de la première moitié du XXe siècle verra l'exacerbation, alors les pages des *Inactuelles* méritent toute notre attention. Si l'on se donne la peine de les confronter aux faits et aux événements de la fin du XIXe siècle d'une part, et aux réactions des contemporains de Nietzsche sur les mêmes thèmes d'autre part, on sera amené à les prendre plus au sérieux. Le présent vu et analysé par Nietzsche est un futur, son présent est **notre** présent. Cela est si vrai que nous projetons inconsciemment notre siècle dans les textes de Nietzsche, et que le don visionnaire de Nietzsche est responsable de notre non-lecture.

Le second domaine que le philosophe soumet à son analyse prospective est celui des mouvements sociaux qui se développent. Il n'a pas besoin de regarder bien loin, puisque le destin va lui faire croiser à Bâle, en septembre 1869, le IVe Congrès de l'Association Internationale des Travailleurs (nom officiel de la première Internationale) en présence de Marx et de Bakounine. Toujours à Bâle, le 15 novembre, est adoptée à la suite de grèves ouvrières une « législation de fabrique » (« Fabrikgesetz ») semblable à celles établies à l'époque dans de nombreuses villes. Il est vrai qu'on ne trouve pas de traces directes de ces événements dans les écrits nietzschéens. Mais il est hors de doute qu'ils jouent un rôle non négligeable dans la prospective sociale qui s'inscrit régulièrement

1. La traduction de l'édition Gallimard (« tenue en bride par la police et la politique ») édulcore inutilement la formulation nietzschéenne : *De l'utilité et des inconvénients de l'histoire pour la vie*, § 5, in *Considérations inactuelles I et II*, *O.C.* tome II, volume 1, Paris, Gallimard, 1990, p. 124.

dans son œuvre à partir de *La Naissance de la tragédie.* Peut-on accorder à Janz que Nietzsche « ne prit jamais la peine de se forger une véritable opinion personnelle sur ce problème », et que « ses prises de positions sur la question sociale [...] restent aussi rares et trahissent une information aussi unilatérale »[1] ? Ou même aller plus loin encore en le qualifiant d'aristocrate portant sur ses épaules « le désespoir de la noblesse féodale », ainsi que l'a fait Marc Sautet dans un ouvrage naïvement marxisant intitulé *Nietzsche et la Commune*[2] ?

Malgré ce que peut avoir de contestable le regard du philosophe allemand sur les mouvements sociaux de son temps, force nous est de reconnaître, en ce début du XXIe siècle, que la réflexion nietzschéenne sur le travail est beaucoup moins archaïque que bien des analyses marxiennes. En adoptant le point de vue culturel, il pressent le caractère nécessairement éphémère de l'apologie du travail manuel qui accompagne les soulèvements du prolétariat ; il devine l'imposture que masque la promesse d'une disparition de la classe laborieuse. Ce qui porte tort aux affirmations nietzschéennes est le vocabulaire dont use le philosophe : en qualifiant d'« esclave » la classe laborieuse qu'aucune des sociétés socialistes du XXe siècle n'a jamais pu faire disparaître, l'amoureux de la Grèce prête le flanc à la critique d'un Marc Sautet et provoque la non-lecture de formules qui mériteraient la plus grande attention. Efforçons-nous de lire ces quelques lignes du paragraphe 18 de *La Naissance de la tragédie* :

> « Qu'on en prenne note : pour durer, la civilisation alexandrine a besoin de l'esclavage ; mais dans sa vision optimiste de l'existence, elle en dénie la nécessité et c'est la raison pour laquelle, le jour où l'effet de ses belles paroles enjôleuses et lénifiantes sur la “dignité

1. Janz, *Nietzsche-biographie*, tome II, Paris, Gallimard, 1984, p. 23.
2. Marc Sautet, *Nietzsche et la Commune*, Paris, Éditions Le Sycomore, 1981, p. 18.

de l'homme" et la "dignité du travail" sera usé, elle s'acheminera progressivement au-devant d'un horrible anéantissement[1]. »

Est-ce vraiment le nostalgique de la noblesse féodale qui énonce ici un discours passéiste condamné à être enfoui dans les poubelles de l'histoire ? Ou au contraire le philosophe de l'avenir qui, pour avoir retenu le critère le plus pertinent, celui de la culture, celui de la mythologie propre à notre moment historique, sait décrypter dans la civilisation de son époque les conflits qui n'éclateront au grand jour qu'un siècle plus tard ? La lucidité avec laquelle il interprète ce qui nous est apparu depuis une trentaine d'années comme l'une des tensions majeures de notre société suscite l'admiration. Méprisables du temps (proche et pourtant si lointain) où il ne fallait pas « désespérer Billancourt », les formules nietzschéennes expriment avec force la crise culturelle qui est la nôtre, la dévalorisation profonde du travail dans le monde occidental[2], les impasses en lesquelles s'engouffre une civilisation qui a décrété la possibilité du bonheur pour tous.

La finesse de la prospective nietzschéenne perçoit les mensonges futurs de tous ceux qui prétendront atteindre la société d'abondance en supprimant la classe laborieuse. Elle lui permet même de prévoir qu'une solution possible au désir universel des masses occidentales d'être déchargées du travail pénible pourrait être « l'importation massive de peuples barbares

1. *La Naissance de la tragédie*, § 18, *op. cit.*, p. 122.
2. Ainsi que l'attestent tous les sondages effectués depuis près de trente ans au sein de la jeunesse des pays occidentaux. Une analyse intéressante de cette profonde dévalorisation a été développée pour la première fois ou presque par l'américain Christopher Lasch, dans *The Culture of Narcissism* (New-York, N.W. Norton and Company, 1979), traduit en français sous le titre *Le Complexe de Narcisse* (Paris, Robert Laffont, 1981). Ce livre n'a pas pris une ride. On consultera en particulier le chapitre III, « La réussite sociale, hier et aujourd'hui, du travail à la séduction » (p. 80 à 104) et le chapitre VII, « L'enfant et le travailleur : de l'autorité traditionnelle au contrôle thérapeutique » (p. 212 à 252).

d'Asie et d'Afrique »[1]. Là encore le vocabulaire fait obstacle à la lecture. Pourtant, derrière les mots marqués par les préjugés aristocratiques et l'ethnocentrisme des élites du XIXe siècle, ce sont bien nos travailleurs immigrés que la prospective nietzschéenne annonce cent ans avant que leur présence « massive » n'inquiète les nations européennes. Une perspective qui donne à celui qui l'adopte la possibilité de prévisions aussi remarquables ne saurait être méprisée par quiconque s'intéresse au devenir de notre civilisation.

Après la nation allemande et les mouvements sociaux de son temps, c'est la science que le jeune philosophe soumet à son regard prospectif, et il médite le devenir de la science d'une part à la lumière de l'aventure hellénique, d'autre part en s'appuyant sur la lecture de plusieurs siècles d'histoire occidentale. À l'exception de *La Naissance de la tragédie*, tous les écrits appartenant au corpus de ces années dites « romantiques », la plupart des fragments non publiés, *Le Livre du Philosophe*, les *Conférences sur l'avenir de nos établissements d'enseignement*, et les quatre *Inactuelles* s'accordent à mettre en évidence une explosion scientifique conduisant peu à peu à la barbarie.

« D'où vient, où va, à quoi sert toute science si elle ne conduit pas à la culture ? Serait-ce à la barbarie[2] ? » Nietzsche fait-il preuve dans cette dénonciation de la moindre originalité ? Le style comme le contenu de bon nombre de ces pages ont amené la plupart des interprètes à les considérer comme peu décisives et à les ranger dans le vaste ensemble des proclamations

1. F.p. 25 [1], in *Humain, trop humain*, volume 1, *op. cit.*, p. 500.
2. « David Strauss, croyant et écrivain » in *Considérations inactuelles I et II*, *op. cit.*, p. 57. Huit ans avant *Aurore*, Nietzsche est donc catégorique sur ce point. Lorsque le philosophe écrit en 1880 : « Un âge de barbarie commence, les sciences se mettront à son service ! » (*Aurore*, *op. cit.*, p. 673), il ne fait que répéter à quelques mots près ce qu'il énonçait dès 1873 dans la première des *Considérations inactuelles*.

irrationalistes du XIXe siècle allemand. Cependant, dès cette première période, Nietzsche commence à mettre en place une grille d'interprétation de la science qui le distingue de tous ses prédécesseurs. La « barbarie » vers laquelle nous conduit la science déchaînée est définie dès la première *Inactuelle* en des termes qui resteront pratiquement inchangés à travers toute l'œuvre : le contraire de la culture, « la barbarie, c'est-à-dire l'absence de style ou le mélange chaotique de tous les styles »[1]. « Barbare » est la civilisation éclatée, atomisée, à laquelle la science a fait perdre peu à peu la croyance fondamentale qui lui donnait son unité : à savoir l'illusion platonico-chrétienne sur quoi reposait l'ensemble de l'édifice. Or la science ne saurait proposer un nouveau mythe à l'Occident après avoir détruit celui qui le faisait vivre (Nietzsche partageant intégralement sur ce point les conceptions kantienne et schopenhauerienne). En qualifiant de « barbare » la civilisation dont les hommes du XIXe siècle ne pouvaient percevoir que les prémices, il est indiscutablement en chemin vers la vision prospective de notre siècle techno-scientifique, ce qui n'était le cas d'aucun de ses illustres prédécesseurs.

Notre dernier examen consistera à retrouver dans les premiers écrits nietzschéens la trace d'une prévision des technologies qui se sont imposées tout au long du vingtième siècle. Le philosophe qui dédie *Humain trop humain* à Voltaire, et par-delà Voltaire, aux encyclopédistes français, n'a certes pas pour l'évolution des techniques la passion des penseurs du XVIIIe siècle dont il se réclame. Néanmoins il annonce avec une étonnante certitude l'existence d'une navigation aérienne, alors que l'idée même d'aviation est étrangère à la quasi-totalité des esprits de son temps, et que le mot lui-même n'apparaît qu'en 1863 chez le Français Gabriel de la Landelle. C'est moins cette prévision en elle-même

1. *Ibid.*, § 1, in *Considérations inactuelles I et II*, *op. cit.*, p. 22.

qui nous intéresse, qu'une fois de plus la perspective culturelle à travers laquelle le philosophe perçoit le monde à venir. La navigation aérienne retient son attention dans la mesure où elle va bouleverser le rapport des hommes à leur terroir, dans la mesure où elle va induire une nouvelle façon d'« habiter la terre », ainsi que l'aurait dit Hölderlin :

> « Le moment où l'on aura inventé et introduit la navigation aérienne sera favorable au socialisme, car toutes les idées sur la propriété du sol en seront modifiées. L'homme sera partout et nulle part, il sera déraciné[1]. »

Derrière la maladresse de l'expression on dénote le souci de ne pas isoler la technique de l'ensemble culturel auquel elle appartient, l'intention d'établir une relation entre les moyens techniques nouveaux dont l'homme va disposer et les dimensions essentielles de son existence, de son rapport à autrui, de son être-au-monde.

Un siècle après Nietzsche, ce rapport entre la technique et les autres dimensions de la culture reste le point le plus délicat de toute pensée prospective. Si nos futurologues sont parfois éblouissants dans le catalogue de leurs prévisions technologiques, ils nous font souvent sourire quand nous lisons rétrospectivement les modifications des mœurs et du mode de vie qu'ils avaient prophétisées. Nietzsche entrevoit ce que son compatriote Martin Heidegger nomme l'« errance » (« Irrnis »), la fin de « la distinction du national et de l'intercontinental », la terre devenant peu à peu « le non-monde ("Unwelt") de l'errance »[2]. L'abolition des distances sera inévitablement abolition du propre, elle sera uniformisation : cette uniformisation que Nietzsche nomme « socialisme », il la conçoit à la même époque comme

1. F.p. 23 [16], in *Humain, trop humain*, volume 1, *op. cit.*, p. 434.
2. Formules empruntées au texte *Dépassement de la Métaphysique*, § XXVI, in *Essais et Conférences*, Paris, Gallimard, 1966, p. 107, p. 110, p. 113.

mondialisation linguistique. Un aphorisme d'*Humain trop humain* juxtapose précisément uniformisation linguistique et technique de la navigation aérienne : même s'il n'établit pas directement une relation de cause à effet entre l'évolution technologique et le devenir linguistique de la planète, l'association d'idées entre les deux ordres de phénomènes est révélatrice de la méthode prophétique du philosophe.

> « Dans un avenir lointain, indéterminé, il y aura pour tout le monde une langue nouvelle, langue commerciale d'abord, ensuite langue généralisée du commerce intellectuel, aussi sûrement qu'il existera un jour une navigation aérienne[1]. »

Les mauvais esprits reprocheront peut-être à Nietzsche de ne pas avoir prévu que la langue anglaise, ou plus exactement le « Basic English », sera ce médium universel : nous leur accorderons volontiers que la prophétie rationnelle qui a permis au philosophe de dessiner un panorama prospectif aussi pertinent de l'État allemand, des idéologies économico-politiques, de la science et de la technique, s'inscrit dans les limites d'une analyse intellectuelle sans jamais prétendre à la précognition des visionnaires inspirés.

§ 3 : Perspective de la culture

À la manière de l'haruspice romain évoqué dans la préface, Nietzsche repère dans les entrailles de la civilisation de son temps les vecteurs qui dessinent par anticipation le monde spirituel destiné à l'Allemagne, et vraisemblablement à l'Europe tout entière. « La culture la plus universelle, c'est justement la barbarie », proclame le vieux philosophe dont Nietzsche rapporte les paroles dans la première des *Conférences sur l'avenir de nos*

1. *Humain, trop humain*, volume I, livre V, § 267, *op. cit.*, p. 187.

établissements d'enseignement[1]. L'unité nécessaire à la culture authentique ne peut que voler en éclats devant le caractère de masse et la dispersion cosmopolite qui affectent la civilisation. Le rejet de ce cosmopolitisme doit-il nécessairement conduire à l'apologie de la clôture, à la revendication forcenée d'une identité culturelle jalouse de son territoire ? Nietzsche hésitera beaucoup sur ce point, ainsi qu'il l'avoue au hasard d'un fragment de l'été 1879 dont la brièveté peut masquer l'importance :

> « La peur me prit à considérer la précarité de l'horizon moderne de la civilisation. Je fis, non sans quelque vergogne, l'éloge de la civilisation sous cloche et sous globe. Enfin je me ressaisis et me jetai dans la pleine mer du monde[2]. »

Ces quelques lignes nous semblent les plus révélatrices de celles laissées çà et là par le philosophe comme autant de cailloux marquant un chemin souvent difficile à suivre. Elles cernent de façon remarquablement elliptique l'évolution qui prépare le grand bouleversement de 1881. Le fragment cité dénonce seulement l'illusion du remède que le jeune wagnérien avait cru trouver en une identité culturelle allemande apte à se fermer au reste du monde. L'analyse était juste, seule l'échappée était illusoire. De la même façon, « la pleine mer du monde » en laquelle plonge le philosophe revivifié de 1879 ne signifie en rien l'approbation ou la valorisation du cosmopolitisme précédemment dénoncé, mais un nouveau rapport à la décadence.

En voulant étendre au plus grand nombre la culture et en rassemblant dans un mélange cosmopolite l'héritage des peuples de la planète, en spécialisant le savoir qu'aucun individu ne peut plus dominer et en isolant la vérité de l'art, la civilisation

---

1. *Écrits posthumes 1870-1873*, *op. cit.*, p. 95.
2. F.p. 40 [9], in *Humain, trop humain*, *O.C.*, tome III, volume 2, Paris, 1968, p. 393.

qu'analyse le jeune Nietzsche ne peut avoir qu'une unité formelle, et finalement qu'une unité négative. « Ensemble cohérent de négations », « système de non-civilisation » (« System der Nicht-Kultur »), disait la première *Inactuelle*[1]. Dès la première des conférences de Bâle, Nietzsche sonde, tel un chimiste, l'étrange composé qu'est la civilisation qui se met en place sous ses yeux, mais que bien peu sont aptes à voir. Il en dégage la formule :

> « Autant de connaissance et de culture que possible – donc autant de production et de besoins que possible –, donc autant de bonheur que possible : – voilà à peu près la formule[2]. »

Une fois la formule découverte, une fois les éléments du composé distingués par l'analyse, la voie est ouverte d'une part à l'examen minutieux de chacun d'eux, d'autre part à la peinture prophétique de l'atomisation que laisse présager cette combinaison.

1. « David Strauss, croyant et écrivain », § 2, in *Considérations inactuelles I et II*, *op. cit.*, p. 25.
2. *Écrits posthumes 1870-1873*, *op. cit.*, p. 94.

Seconde partie
Cinq scénarios pour une futurologie

Lequel, de la pythie ou de l'haruspice, explore-t-il, de 1871 à 1888, les lendemains d'une civilisation occidentale dont aucun des deux ne doute qu'elle achève une première boucle de son destin ? Si le travail de l'haruspice engendre pour l'essentiel le tracé du panorama que Nietzsche nous offre du monde scientifique à venir, et si le futur artiste de la Surhumanité relève indéniablement des capacités de la pythie, on ne saurait interpréter autrement qu'en tant que collaboration fraternelle des deux puissances oraculaires les rêves de la période romantique et les intuitions apocalyptiques qui rythment l'ensemble de l'œuvre. Un examen plus attentif nous montrera en réalité qu'à chacun des futurs peints par le philosophe visionnaire, le futur rêvé d'une seconde Renaissance, le règne scientifique des « esprits libres », les lendemains apocalyptiques, l'avenir du Surhumain, ou le scénario de la « grande politique », une subtile alliance, tantôt maîtrisée, tantôt de nature à surprendre le penseur lui-même, réunissant Apollon et Dionysos, apporte le double éclairage d'une généalogie extrêmement rigoureuse et d'une clairvoyance saisissante.

Les cinq scénarios de la futurologie nietzschéenne que nous allons à présent parcourir ont pour commun dénominateur de relever d'une méthode étrangère jusqu'alors à la philosophie, d'une technique prophétique dont notre première partie a posé les conditions de possibilité. Il s'agit d'apprendre à repérer dans les forces qui animent le Soi le reflet de l'avenir, il s'agit de se mettre à l'écoute du corps et à laisser ainsi se révéler, en leur donnant l'occasion d'atteindre leurs limites, les instincts les plus profonds qui mènent le jeu de la civilisation, il s'agit d'inverser le temps en s'installant dans le futur pour évaluer le présent. Transformée par sa vision de l'avenir, la pythie apollinienne, même si son langage est parfois chiffré, ne cesse à aucun moment de parler la langue de Dionysos.

Scénario 1
Le futur rêvé (ou l'utopie des renaissances)

Une dissertation rédigée à l'âge de dix-sept ans témoigne de la proximité éprouvée par Nietzsche à l'égard de Hölderlin, ce grand poète incompris de ses contemporains, poète qui « nous élève à la plus haute idéalité »[1], et qui, mieux que tout autre, pressent l'avenir que le monde grec réserve à notre civilisation. Elle porte bien, en effet, la marque de Hölderlin, cette formule cruciale de la seconde conférence de Bâle par laquelle le vieux philosophe estompe sa critique pour laisser poindre une lueur d'espoir :

> « Il est mystérieux et difficile à saisir, le lien qui unit véritablement l'être profond de l'Allemagne et le génie grec[2]. »

S'il est incontestable que *La Naissance de la tragédie* est née de la conjonction de la philologie grecque, de la philosophie de Schopenhauer et de la musique wagnérienne dans l'esprit

---

1. Cité d'après Janz, *Nietzsche-biographie*, tome I, *op. cit.*, p. 67. Janz cite plusieurs passages de cette dissertation qui mettent en évidence l'importance de Hölderlin dans la formation de la pensée du philosophe.
2. *Écrits posthumes 1870-1873*, *op. cit.*, p. 113.

d'un jeune philosophe de génie, c'est sans doute la conjonction Hölderlin-Wagner qui a orienté vers le futur ses interrogations. Pour le poète comme pour le musicien, le « lien mystérieux » entre l'Allemagne et la Grèce ne saurait être élucidé par la seule érudition historique ou philologique, mais doit se dénouer par le mouvement même de la civilisation allemande. Une nouvelle Renaissance, annoncée par Hölderlin, commence à se manifester clairement avec l'opéra wagnérien, et le mot « avenir » marque d'un bout à l'autre les relations de Nietzsche et de Wagner. Dès 1850, en écrivant *L'Œuvre d'art de l'avenir* (*Das Kunstwerk der Zukunft*), le musicien avait situé son œuvre dans la perspective d'un renouveau de la civilisation. Le 24 juin 1872, Nietzsche écrit à Wagner :

> « Vous me donnez le temps de mûrir à ma tâche ; vous allez même jusqu'à déblayer aimablement de mon chemin les mauvaises herbes les plus tenaces. Par rapport à tout cela, je ne suis rien d'autre qu'un avenir – à celui-ci il ne m'a que rarement été donné de croire avec autant de pureté[1]. »

§ 1 : Un Grec nommé Wagner

En privilégiant le sens du devenir comme caractéristique de l'esprit moderne, Nietzsche a cru percevoir un retour de la vision présocratique du monde. S'il est vrai que c'est à partir du *Gai Savoir* que le philosophe donne un ancrage définitivement corporel à nos pensées et à nos représentations, il n'a cependant jamais situé sur un plan purement intellectuel la métamorphose observée. La renaissance de la pensée présocratique découle

1. Cité dans *Écrits posthumes 1870-1873*, Dates et événements, *op. cit.*, p. 334.

nécessairement pour lui d'une analogie, voire d'une identité, entre le corps grec et la corporéité germanique.

> « Nous devenons plus grecs de jour en jour ; d'abord, bien entendu, dans nos concepts et nos jugements, comme si nous n'étions que des fantômes grécisants ; mais un jour, espérons-le, nous deviendrons physiquement des Grecs ! C'est là, et cela a toujours été là ce que j'espère du germanisme[1] ! »

Il est certain que la personnalité de Wagner, idéalisée par Nietzsche de 1869 à 1872, est la médiation qui conduit de l'analogie, à la saisie de laquelle toute la culture allemande du XIXe siècle préparait la pensée nietzschéenne, à l'identité physique annoncée ici. En devenant le familier de Richard et de Cosima, Nietzsche subira l'emprise totale de celui dont il ne cessera par la suite, jusqu'en 1888, de dénoncer le pouvoir hypnotique. Il n'est guère étonnant que Nietzsche, préparé par ses lectures schopenhauériennes à la découverte de l'homme de génie, et conduit par son éducation et son travail philologique à une admiration sans borne pour la culture hellénique, modèle de toute grande civilisation, ait cru voir en Wagner le génie décrit par Schopenhauer, la synthèse vivante du génie grec et du génie allemand. On conçoit d'autant mieux dans ces conditions combien la déception future sera à la hauteur de cette fascination, combien Nietzsche sera pour ainsi dire contraint de dénoncer jusqu'en ses ultimes publications l'artiste qui l'a mystifié. Le véritable acharnement du Nietzsche de 1888 contre l'artiste « névrosé » répond à l'adulation des premières rencontres, telle qu'elle apparaît dans une lettre du 3 septembre 1869 à Erwin Rohde :

> « Très cher ami, ce que j'apprends et ce que je vois, ce que j'entends et ce que je comprends là-bas [à Tribschen] défie toute description.

1. *La Naissance de la philosophie à l'époque de la tragédie grecque*, Paris, Gallimard, collection « Idées », 1969, p. 17-18.

Schopenhauer et Goethe, Eschyle et Pindare sont encore bien vivants, tu peux m'en croire[1]. »

Le rapprochement de ces quatre noms symbolise à la fois la profondeur de la fascination nietzschéenne et l'ambiguïté de l'idole que le philologue de vingt-cinq ans vient de se créer. En effet, si les deux premiers, ceux de Schopenhauer et de Goethe, renvoient à un patrimoine commun aux deux hommes qui dialoguent à Tribschen, les deux derniers indiquent la voie qui va éloigner Nietzsche de Wagner. Le nom d'Eschyle annonce l'ouvrage de 1872 consacré à la tragédie, ouvrage certes dédicacé à Wagner et rempli de louanges à l'égard du grand musicien, mais par le biais duquel le philologue redevenu philosophe affirme son originalité et son indépendance intellectuelle. Quant au nom de Pindare, auquel Nietzsche avait emprunté sa devise (« Deviens celui que tu es »), il contribue plus ou moins consciemment à désigner dans l'idole vénérée un double qu'il s'agit d'égaler avant de le dépasser, un Nietzsche inaccompli que le destin a mis sur la route du philosophe afin de l'aider à devenir lui-même. Une formule de 1875 représente, sur ce chemin de l'accomplissement de soi, une borne marquant ce qui a été accompli et ce qui reste à parcourir :

« Je ferai la somme de Schopenhauer, de Wagner et de la Grèce archaïque : cela ouvre une perspective sur une civilisation magnifique[2]. »

Le Nietzsche de 1875 a repris à son compte (« Ich will… ») le projet wagnérien : le musicien adulé de 1869 n'est plus qu'un matériau mis au service de son entreprise par le philosophe qui commence à devenir vraiment lui-même. De ces trois piliers sur lesquels il veut bâtir sa vision du futur, il ne restera bientôt au

1. Cité par Janz, *Nietzsche-biographie*, tome I, *op. cit.*, p. 267.
2. *Le Livre du Philosophe*, *op. cit.*, p. 225.

penseur que le dernier. Mais la lecture de Schopenhauer et la rencontre avec Wagner auront constitué les impulsions décisives tournant vers l'avenir le regard d'un penseur que les hasards de l'existence auraient pu emprisonner dans la nostalgique rumination de ses collègues philologues.

En quoi Wagner est-il grec ? Si pour Nietzsche l'hellénité du musicien n'a fait aucun doute, il n'en est évidemment pas de même pour nous. La réponse tient presque intégralement dans le statut de la tragédie considérée comme modèle de l'œuvre d'art et symptôme décisif d'une civilisation accomplie. Sept ans avant de frapper à la porte de Tribschen, Nietzsche, dans un commentaire consacré à l'*Œdipe-roi* de Sophocle, écrit en classe de première, dresse un parallèle entre la tragédie antique et l'opéra wagnérien. Les œuvres théâtrales des Grecs, écrit-il,

> « seraient ainsi ce que l'école musicale la plus moderne érige en idéal de l'"œuvre d'art de l'avenir", c'est-à-dire des œuvres où la réunion des arts les plus nobles crée une unité harmonieuse »[1].

Ainsi le lycéen de Pforta a-t-il déjà situé la parenté qui unit la tragédie grecque et l'opéra wagnérien : parenté non pas musicale, puisqu'on ignore tout de la musique et des chants par lesquels le chœur tragique exprimait ce que le philosophe va interpréter comme étant la voix de Dionysos[2], mais parenté plastique, l'opéra de Wagner s'efforçant d'être un art total réconciliant, à l'instar du théâtre antique, ce que la civilisation occidentale avait séparé. Paradoxalement c'est une approche visuelle, donc apollinienne, qui autorise la comparaison entre

1. Cité d'après Janz, *Nietzsche-biographie*, tome I, *op. cit.*, p. 106.

2. Cf. *Écrits posthumes 1870-1873*, p. 27 : « Nous sommes incompétents face à une tragédie grecque parce que son effet principal reposait en grande partie sur un élément qui est perdu pour nous, la musique. » L'ensemble de cette conférence du 18 janvier 1870, intitulée *Le Drame musical grec* (in *Écrits posthumes 1870-1873*, *op. cit.*, p. 17-30) développe la comparaison entre l'opéra de Wagner et la tragédie antique, préfigurant certains paragraphes de *La Naissance de la tragédie*.

l'œuvre grecque et l'opéra allemand, l'élément dionysiaque de la musique grecque s'étant évanoui à tout jamais. Un tel paradoxe n'est pas sans conséquence sur les excès et les maladresses des premiers écrits nietzschéens. Il permet de comprendre comment c'est à Voltaire, penseur aussi peu dionysiaque qu'il est possible de l'être, que Nietzsche, dans sa conférence de 1870 *Le Drame musical grec*, attribue la paternité du rapprochement entre la tragédie antique et l'opéra moderne[1]. Que le philosophe des Lumières auquel sera dédié en 1878, après la rupture définitive avec Wagner, *Humain, trop humain*, vienne servir de caution au moment où Nietzsche est le plus wagnérien, peut sembler étonnant. Mais cela cesse de l'être si l'on considère que la musique n'est pour rien dans le rapprochement entre ces formes d'art que séparent deux millénaires. On le notera, Nietzsche ne remet nulle part en cause la volonté wagnérienne de créer un art total réconciliant la vue et l'ouïe, il n'y a pas une phrase dans toute son œuvre, même dans les écrits outranciers de 1888, qui dénonce le metteur en scène Richard Wagner. « Œuvre d'art de l'avenir », l'opéra wagnérien le demeure, en dépit du caractère supposé décadent de sa musique. Il reste l'annonciateur d'une nécessaire réconciliation de nos arts dispersés. N'est-ce pas, au fond, le cinéma du vingtième siècle qui se rapprocherait de ce que Nietzsche a d'abord cru trouver dans l'opéra allemand, puis de ce dont il a rêvé par-delà l'échec de l'entreprise wagnérienne ?

En rassemblant les arts dispersés, Wagner fait donc renaître le chef-d'œuvre hellénique qu'est la tragédie. Malgré l'immense déception de 1876 à Bayreuth, l'auteur de la quatrième *Inactuelle* continue à accorder un avenir à l'entreprise wagnérienne :

1. *Écrits posthumes 1870-1873*, *op. cit.*, p. 17 : « Ce que l'Athénien concevait comme "tragédie", nous pouvons le ranger à peu près sous le concept d'"opéra" : c'est tout au moins ce qu'a fait Voltaire, dans une lettre au Cardinal Quirini. »

> « Dans l'esprit de tous ceux qu'instruit à présent l'expérience, cet art ne peut que produire un bouleversement de toutes les notions d'éducation et de culture[1]. »

C'est à la lumière des conférences de Bâle sur l'avenir des établissements d'enseignement que s'éclaire la conséquence pédagogique et culturelle de la révolution esthétique wagnérienne. Tous les travers de l'enseignement et de la culture germaniques dénoncés dans les cinq conférences trouvent un remède dans l'œuvre d'art de l'avenir. La généralisation excessive de la culture à des masses de plus en plus nombreuses est salutairement contredite par l'élitisme du compositeur qui entend réserver au petit nombre le privilège de ses créations ; ce premier correctif s'avérant illusoire à partir du moment où Nietzsche découvre à Bayreuth un public qui a bien peu à voir avec l'élite imaginée, et une atmosphère journalistique semblable à celle qu'il n'a cessé de fustiger depuis 1869. Quant à la spécialisation abusive des étudiants comme des intellectuels des sociétés modernes, son caractère mutilant se découvre inévitablement au spectateur bouleversé par l'œuvre d'art total qui réconcilie ses sens atomisés, qui rassemble dans la splendeur de son déroulement les arts séparés par la civilisation occidentale, et qui redonne au mythe étouffé sous le poids des approches érudites la force magique de la musique.

Au paradoxe d'une parenté dionysiaque affirmée alors que nous ignorons tout de la musique grecque, va s'ajouter un malentendu beaucoup plus fondamental concernant le rapport de l'artiste au peuple et l'origine nationale de l'œuvre d'art. D'abord écartelé entre les deux hypothèses contradictoires de la création collective ou individuelle du mythe ou de l'œuvre géniale, Nietzsche semble avoir évolué de l'idée d'une création collective à une conception plus individualiste. Concernant le passé, sa théorie apparaît

1. *Wagner à Bayreuth*, § 10, in *Considérations inactuelles III et IV, O.C.* tome II, volume 2, Paris, Gallimard, 1990, p. 162.

fluctuante, mais pour l'époque qui est la sienne, Nietzsche, sitôt qu'il exprime sa pensée propre en cessant de se faire l'écho des idées wagnériennes, soutient clairement que les œuvres contemporaines ne sauraient avoir de genèse qu'individuelle. Un fragment non publié de 1871 établit de façon particulièrement nette ce qui distingue notre époque.

> « Le sol de l'art nouveau n'est plus le peuple, mais on conçoit le peuple de manière idyllique et on s'efforce de tendre vers lui [...]. L'individualité règne, c'est-à-dire qu'elle possède maintenant en soi les forces autrefois latentes dans les masses. L'individualité comme extrait du peuple : dépérissement en faveur d'une floraison. Il est impossible de poser à nouveau les buts culturels d'aujourd'hui comme des buts pour les masses[1]. »

Wagner, individu de génie, splendide manifestation de l'archétype schopenhauérien, est en même temps l'artiste qui rêve d'une relation désormais impossible entre le créateur et le peuple (conception « idyllique »), l'Allemand contemporain de la naissance du Reich qui s'arrache à l'indispensable solitude du créateur pour mettre au service des masses germaniques un art frappé du sceau du nationalisme. La seconde phrase de notre citation est une étonnante anticipation des nombreux chants du *Zarathoustra* consacrés à l'individu créateur concentrant en lui-même le savoir et la volonté autrefois dispersés parmi les hommes : un véritable transfert de puissance caractérise le monde moderne depuis la Renaissance (évoquée, et ce n'est pas un hasard, dans les premières lignes de ce même fragment), l'évolution de la civilisation ayant engendré un être disposant d'une puissance créatrice à laquelle ne pouvaient prétendre dans les époques antérieures que des peuples entiers, des masses humaines. Contrairement à la plupart des commentateurs qui voient dans

1. F.p. 9 [107], in *La Naissance de la tragédie*, *op. cit.*, p. 394-395.

les idées de création individualiste, de mutation de la civilisation à partir de la Renaissance italienne, et de transfert de puissance du peuple à l'individu, le propre du Nietzsche des années 1880, nous pouvons donc affirmer que ces conceptions n'étaient nullement étrangères à l'hôte de Tribschen.

Toujours en 1871, c'est-à-dire au moment où s'élabore, grâce au dialogue poursuivi avec Wagner, *La Naissance de la tragédie*, le professeur bâlois insiste sur le caractère universel de la musique, c'est-à-dire sur l'incompatibilité de cet art avec tout ce que le nationalisme compte de bornes et de limites. Nietzsche est beaucoup plus schopenhauérien que Wagner lorsqu'il met en évidence la valeur métaphysique de la musique, son étrangeté au monde phénoménal, donc au monde des frontières spatio-temporelles :

> « La musique comme art universel – non national – intemporel est le seul art florissant. Elle représente pour nous l'art tout entier et le monde artistique. C'est pourquoi elle est rédemption [1]. »

Que la notion de rédemption, qui sera au cœur de la révélation du Retour Éternel, intervienne dans ce fragment consacré au caractère non national de la musique, dessine la faille qui s'approfondira entre un artiste de plus en plus soucieux d'inscrire ses créations dans la mouvance d'un combat nationaliste, et un philosophe de plus en plus sceptique à la fois sur la grandeur de la nation qui vient de naître et sur la dimension nationale des évolutions culturelles décisives. *Wagner à Bayreuth* se clôt par une étrange prophétie : l'haruspice des premières *Inactuelles* laisse la place à la pythie qui prédit un futur où Wagner ne sera plus qu'un passé. En tournant les yeux vers l'avenir, le philosophe-voyant découvre une civilisation dont il ne nous dit encore rien, mais qui l'autorise à enterrer le nationalisme wagnérien. Les Allemands et les hommes des prochains siècles verront en Wagner le contraire

1. F.p. 9 [90], in *La Naissance de la tragédie*, *op. cit.*, p. 394-389.

d'un « voyant qui scrute un avenir », ils le percevront comme « l'interprète qui transfigure un passé »[1]. En métamorphosant Nietzsche en homme de l'avenir, Wagner a engendré malgré lui un voyant qui dénonce son œuvre comme dépassée. Il appartient dorénavant au philosophe métamorphosé d'accomplir ce dont le musicien n'a été que l'annonce manquée.

§ 2 : Les dominantes d'une seconde Renaissance

Se mettre en chemin « vers le pays de notre désir, vers la Grèce »[2] : par cette formule, l'auteur des *Conférences sur l'avenir de nos établissements d'enseignement* reconnaît sa continuité avec le romantisme allemand du XIXe siècle. Mais indépendamment de l'emprise wagnérienne, le jeune Nietzsche a une façon originale de déterminer ce qui a fait la grandeur du monde hellénique : c'est cette conception originale qui marquera l'ensemble de sa futurologie. Pour lui, la perfection de la civilisation hellénique est née de la rencontre de deux éléments apparemment contradictoires

1. « Wagner à Bayreuth », in *Considérations inactuelles III et IV*, *op. cit.*, p. 167. Ce sont les derniers mots de la quatrième *Inactuelle* : « *der Deuter und Verklärer einer Vergangenheit* ». Il faut attendre 1880 pour trouver sous la plume de Nietzsche un bilan sensible et mesuré de sa relation avec Richard Wagner. Un beau fragment non publié de l'automne 1880 décrit avec précision à la fois l'amour du philosophe pour le grand musicien et la profondeur de sa déception liée essentiellement au nationalisme allemand, dans les bornes duquel il a enfermé son génie, et qui a fini par le détruire : « J'ai aimé cet homme, sa façon de vivre sur une île et, sans haine, de se fermer au monde ; c'est ainsi que je l'entendais ! Qu'il m'est devenu lointain, maintenant que, nageant dans les eaux de l'avidité nationaliste, dans l'odieux du nationalisme, il tente d'aller au-devant du besoin de religion de ces peuples d'aujourd'hui, crétinisés par la politique et la cupidité ! Je pensais autrefois qu'il n'avait rien à voir avec ceux d'aujourd'hui – j'étais bien fou ! » (F.p. 6 [40], in *Aurore*, *op. cit.*, p. 483).
2. *Écrits posthumes 1870-1873*, *op. cit.*, p. 109. Formule inspirée de Goethe, *Iphigénie en Tauride*, I, 1.

que le jeune philosophe s'efforce de dénommer et de délimiter dans ses premiers écrits : un élément de force, de puissance naturelle, de dynamisme biologique, et un élément de forme, d'assimilation, de raffinement esthétique. La première phrase de *La Naissance de la tragédie*, on l'oublie trop souvent, compare la dualité d'Apollon et de Dionysos à la dualité des sexes.

Mais si Nietzsche est constant dans sa vision d'une dualité grecque qui a su allier pour la première (et pour le moment dernière) fois dans l'histoire le principe masculin de la puissance physique et le principe féminin de la beauté formelle, il a le plus grand mal à identifier comme masculin ou féminin Apollon, Dionysos et les multiples éléments qui ont composé à la surface de la terre la brillante civilisation hellénique. Lorsque Nietzsche, en 1886, dans *Par-delà Bien et Mal*, poursuit son interrogation sur les conditions d'existence de la civilisation, c'est encore la dualité masculin-féminin, nommée alors dualité de la barbarie et de la civilisation policée, qu'il désigne comme condition de la grandeur :

> « Il nous faut regarder froidement comment n'importe quelle civilisation supérieure a commencé sur cette terre. Des hommes encore tout proches de la nature, des barbares dans tout ce que ce mot comporte d'effroyable, des hommes de proie encore en possession d'une volonté intacte et d'appétits de puissance inentamés se sont jetés sur des races plus faibles, plus policées, plus paisibles, des races soit commerçantes soit pastorales, ou sur de vieilles civilisations usées qui dilapidaient leurs dernières énergies en d'étincelants et mortels feux d'artifice. La caste aristocratique fut toujours, d'abord, la caste des barbares[1]. »

Demandons-nous, à la lumière de ce texte, où situer dans l'Allemagne du XIXe siècle l'élément masculin et l'élément féminin dont la rencontre et l'enrichissement mutuel devraient engendrer

1. *Par-delà Bien et Mal*, § 257, « Qu'est-ce que l'aristocratie ? », *O.C.*, tome VII, Paris, Gallimard, 1971, p. 180-181.

la renaissance espérée. Faut-il voir dans le peuple allemand, plus barbare aux yeux de Nietzsche que le peuple français par exemple, l'élément masculin, par rapport auquel une éducation prenant la Grèce pour modèle et l'influence de la culture française constitueraient l'élément féminin ? De nombreux textes du philosophe, il est vrai, peuvent être interprétés en ce sens, jusqu'à *La Généalogie de la Morale* dont certains paragraphes soupçonnent la présence de réservoirs de barbarie dans le peuple germanique moins féminisé par le christianisme que les autres peuples européens. Mais la question de l'identification des éléments contradictoires nécessaires au développement d'une civilisation supérieure n'a jamais été résolue par Nietzsche.

Quoi qu'il en soit, l'unification du masculin et du féminin accomplie en Grèce symbolise l'unité qui fait la perfection de la civilisation hellénique. À l'opposé d'une civilisation moderne qui sépare le savoir et l'existence, la connaissance et la vie, la Grèce n'a jamais cessé de concevoir la connaissance comme condition d'une vie pleine et réussie, et la vie comme mise à l'épreuve authentique du savoir.

> « [...] la conception grecque de la civilisation, qui contrairement à la conception latine, voit en celle-ci une nouvelle et meilleure *physis*, sans distinction d'un intérieur et d'un extérieur, sans dissimulation ni convention, la conception d'une civilisation où se réalise l'accord de la vie et de la pensée, du paraître et du vouloir[1]. »

Nous retrouvons dans ces quelques lignes l'ancrage corporel signalé précédemment : la perfection de la civilisation grecque réside dans l'harmonie entre le corps et l'esprit, dans le non-dualisme qui transparaît à travers la mythologie, l'art, la philosophie des Grecs. En

1. *De l'utilité et des inconvénients de l'histoire pour la vie*, § 10, in *Considérations inactuelles I et II*, *op. cit.*, p. 169. Il s'agit là de l'avant-dernière phrase de la deuxième *Inactuelle*.

faisant l'apologie de la non-dualité grecque, l'auteur de la seconde *Inactuelle* prépare la critique du christianisme en lequel il percevra de plus en plus nettement le moteur du dualisme occidental. Mais où sont, dans ces conditions, les signes d'une renaissance hellénique dans l'Allemagne du XIXe siècle ? Nulle part ailleurs que dans l'art, alors que le Gymnase et l'Université continuent à transmettre une culture abstraite et à s'adresser à des auditoires se résumant, comme le dit plaisamment la cinquième conférence de Bâle, à « beaucoup d'oreilles et moitié moins de mains qui écrivent »[1]. L'opéra wagnérien marque une renaissance hellénique en ce qu'il s'adresse à des « hommes complets »[2] qu'il rassemble dans la magie d'une même fascination. C'est en ce qu'il veut produire un art total agissant sur le spectateur dans l'intégralité de son être que Wagner a été perçu comme un Grec par le jeune Nietzsche. L'opéra wagnérien n'est cependant que la promesse d'une réussite à venir, le symptôme d'une unité culturelle absente de l'Allemagne et de l'Europe et qui reste à construire en sa totalité.

Symptôme de l'unité à conquérir, l'opéra wagnérien a du même coup été perçu par Nietzsche, et c'est là l'erreur qu'il ne cessera de se reprocher, comme annonçant dans son contenu même la renaissance prochaine. Jusque dans la dernière *Inactuelle*, *Wagner à Bayreuth*, malgré la distance prise à l'égard du maître, Nietzsche continue à voir dans les héros wagnériens les préfigurations de l'homme à venir. Citant Schiller, qui encourage les artistes à capter « l'image du siècle à venir », l'auteur de la quatrième *Inactuelle* dépeint la « race future » telle qu'elle se dessine en filigrane à travers les héros de l'opéra wagnérien. « Plus franche dans le bien comme

1. *Écrits posthumes 1870-1873*, *op. cit.*, p. 152.
2. *Ibid.*, p. 19 (« Le drame musical grec ») : « Ce principe ne fait que prouver notre triste habitude d'aujourd'hui, notre incapacité à jouir comme des hommes complets : les arts isolés nous mettent en pièce et nous ne jouissons nous-mêmes que par morceaux, tantôt hommes de l'écoute, tantôt hommes du regard, etc. »

dans le mal », cette humanité future adoptera les principes dont on retrouve l'écho dans les « nouvelles tables » du *Zarathoustra*, à savoir que

> « [...] la passion vaut mieux que le stoïcisme et l'hypocrisie, la sincérité, même dans le mal, est préférable au renoncement à soi-même par conformité à la moralité reçue, l'homme libre peut être bon comme il peut être méchant [...] celui qui veut devenir libre ne le peut que par lui-même, nul ne reçoit la liberté comme un don merveilleux tombé du ciel »[1].

Trompé par la forme de l'opéra wagnérien, Nietzsche a d'abord cru voir sur la scène musicale la préfiguration d'une humanité future proche de l'humanité grecque, c'est-à-dire la préfiguration d'une civilisation retrouvant l'innocence et l'intégrité que le philologue bâlois avait perçues comme caractéristiques du monde hellénique. Une innocence de la volonté dont il dotera l'« esprit libre »[2], le Surhomme de son *Zarathoustra*, les aristocrates de *Par-delà Bien et Mal* et les Hyperboréens des derniers écrits, innocence dont le philosophe prendra peu à peu conscience qu'elle est un idéal infiniment élevé qui exige pour être conquis la rupture avec le christianisme et la réconciliation avec le devenir. Ces conditions expliquent en grande partie la violence de ses critiques quand il découvrira dans la mythologie wagnérienne une nouvelle illustration des valeurs chrétiennes. Une fois Wagner dénoncé comme chrétien et les héros de ses opéras évanouis dans les vapeurs d'une idéologie condamnée, ce sont les grands hommes de la Renaissance dont ses voyages en Italie lui font côtoyer les ombres qui joueront le rôle que n'ont pas su tenir les héros wagnériens.

---

1. « Wagner à Bayreuth », in *Considérations inactuelles III et IV*, § 11, *op. cit.*, p. 165. Formule rappelée par Nietzsche dans *Le Gai Savoir*, livre II, § 99, *op. cit.*, p. 115 (« Les disciples de Schopenhauer »).
2. Cf. *Humain, trop humain*, volume 1, préface de 1886, § 2, *op. cit.*, p. 15.

§ 3 : Le mythe de l'avenir

Pourtant, en dépit de ses insuffisances, la mythologie wagnérienne ne mérite pas les terribles accusations par lesquelles Nietzsche la condamnera. Sans elle, le philosophe n'aurait peut-être jamais infléchi sa pensée dans la direction de la civilisation à venir, sans elle il n'aurait probablement jamais mis en route les réflexions et les interrogations d'où jailliront dix ans plus tard ses intuitions fondamentales. Le Nietzsche déçu de 1876 est plus lucide que celui des dernières années lorsqu'il reconnaît la nature de sa dette :

> « L'**élément poétique** en Wagner se montre en ceci qu'il pense en actes visibles et sensibles, et non en concepts ; c'est-à-dire qu'il pense de façon mythique ["er mythisch denkt"], comme le peuple a toujours pensé[1]. »

Ces mots du neuvième paragraphe de *Wagner à Bayreuth* signalent l'apport décisif du musicien au philosophe. Nietzsche ne remettra jamais en cause l'intention mythologique de Wagner, la nécessité du médium mythologique au sortir de la civilisation théorique qui s'achève. Mais il substituera bientôt ses propres images à celles de l'artiste trompeur. En rupture avec le progressisme hégélien, qui considère la mythologie comme une forme primitive de la pensée abstraite nécessairement abolie par l'évolution spirituelle de l'humanité, l'auteur de *La Naissance de la tragédie* voit dans la perte du mythe l'indice d'un déclin

---

1. « Wagner à Bayreuth », § 9, in *Considérations inactuelles III et IV, op. cit.*, p. 146-147. Nietzsche poursuit sa réflexion en comparant le mythe et la pensée conceptuelle. Il affirme que « *L'anneau du Nibelung* est un prodigieux système de pensées », et qu'un philosophe pourrait construire un système théorique parallèle aux images wagnériennes. Ce parallélisme n'est-il pas en œuvre, d'une certaine manière, dans la théorie du Retour Éternel des années 1880 ?

culturel, dans la démythologisation de la civilisation occidentale un symptôme de maladie, d'atomisation, de rétrécissement de l'horizon humain. Privée de mythe, la civilisation socratique est celle de l'abstraction, qu'il faut considérer comme coupure d'avec le monde, perte de l'éternité, nivellement de la société.

Nietzsche n'a jamais vraiment cru que le mythe poétique indispensable à la renaissance de notre civilisation était le mythe wagnérien. On notera que le paragraphe 16 de *La Naissance de la tragédie*, qui détermine le plus précisément la relation du mythe à la musique, s'appuie essentiellement sur les écrits de Schopenhauer, et que c'est l'interprétation de la tragédie grecque, non celle de l'opéra wagnérien, qui autorise l'auteur à tirer l'enseignement suivant :

> « Je conclus que la musique est apte à **enfanter le mythe**, c'est-à-dire l'exemple le plus significatif – et plus précisément le mythe tragique, c'est-à-dire le mythe qui exprime par substituts analogiques la connaissance dionysiaque[1]. »

Cette aptitude de la musique à enfanter le mythe est-elle effectivement mise en œuvre par Richard Wagner ? Nietzsche ne l'affirme ni dans ce paragraphe, ni nulle part ailleurs. Si le philosophe avait réellement assimilé le mythe wagnérien à la mythologie de l'avenir, n'aurait-il pas consacré à celle-ci une part essentielle de sa méditation ? Or, exception faite de quelques paragraphes de la quatrième *Inactuelle*, très rares sont les allusions aux créations imaginaires de Wagner dans les écrits du philosophe. Début 1871, à l'époque où il accumule les matériaux d'où naîtra *La Naissance de la tragédie*, Nietzsche précise (en la soulignant) dans ses carnets l'œuvre à accomplir :

> « Tâche de notre temps ; trouver la civilisation correspondant à notre musique[2]. »

---

1. *La Naissance de la tragédie*, § 16, *op. cit.*, p. 114 (c'est nous qui soulignons).
2. F.p. 7 [134], in *La Naissance de la tragédie*, *op. cit.*, p. 305.

L'opéra wagnérien, aussi merveilleux soit-il, suffit-il à fonder une civilisation ? La mythologie wagnérienne nous offre-t-elle des modèles suffisants pour que l'esprit dionysiaque qui se réveille trouve en eux le ciel imaginaire abritant une renaissance hellénique ? Répétons-le, même au plus fort de son admiration pour le musicien, Nietzsche n'a jamais perçu en Wagner et en l'œuvre wagnérienne que les prémices de la renaissance occidentale. « Trouver la civilisation correspondant à notre musique » est une tâche qui n'est pas même ébauchée, et pour laquelle le jeune professeur bâlois a dû penser qu'à l'artiste de soixante ans les forces manqueraient. Dès les rencontres de Tribschen, Nietzsche a perçu que sur ce point il devrait être « l'héritier de Wagner »[1].

Mais la création du mythe qui tracera les limites de la nouvelle civilisation est-elle bien une tâche d'artiste ? Trois créateurs sont en concurrence pour cette tâche : outre l'artiste déjà cité, le mystique fondateur de religion, et le philosophe. Un fragment préparatoire à un livre non achevé (*Le Dernier philosophe*), datant de la fin 1872, donne à cette question la réponse la plus achevée :

> « La création d'une religion pourrait consister en ce qu'un homme suscitât la foi pour une construction mythique posée par lui dans le vide et qu'elle correspondît à un extraordinaire besoin. Il est invraisemblable que cela se reproduise jamais, depuis la *Critique de*

1. Cette formule n'apparaît certes qu'en avril 1884, dans une lettre à Overbeck : « Il commence à se produire ce que j'ai déjà depuis longtemps prophétisé, que je serai à certains égards l'héritier de Wagner » (cité par Janz, *Nietzsche-biographie*, tome III, *op. cit.*, p. 46). Nietzsche n'ayant jamais surestimé ses propres créations musicales, il est évident que ce n'est pas en tant que musicien, mais bien en tant que philosophe, qu'il prétend à cet héritage, et plus précisément sur le point que nous avons indiqué. Cette « prophétie » (soulignons à nouveau ce mot) est très antérieure à 1884 : ne peut-on supposer qu'elle remonte aux premières rencontres avec Wagner ?

> *la Raison pure.* Au contraire je peux m'imaginer une toute nouvelle sorte d'artiste-philosophe capable de poser au cœur de cette brèche un chef-d'œuvre de valeur esthétique[1]. »

À quelques nuances près, le philosophe écartera l'hypothèse d'une nouvelle religion ; la foi religieuse restera pour lui chose du passé. Demeurent donc en lice l'artiste et le philosophe, ici subtilement réunis dans la figure de « l'artiste-philosophe » qui hantera la pensée nietzschéenne jusqu'en ses dernières manifestations. Cet artiste devra être philosophe, d'une part parce qu'à la civilisation socratique ne peut succéder qu'une civilisation intégrant une partie des acquis scientifiques aux nouvelles métaphores référentielles, d'autre part, parce qu'un art non philosophique ne peut mettre sa puissance créatrice qu'au profit d'objectifs sans ampleur (tel le nationalisme allemand auquel Nietzsche a déjà compris que Wagner allait sacrifier son génie). Et ce philosophe devra être artiste, car seul le mythe religieux, devenu inconcevable, ou le « chef-d'œuvre » esthétique, peuvent faire pénétrer dans les masses humaines des représentations qui sans eux ne feraient que hanter la conscience de penseurs solitaires.

L'« artiste-philosophe » est donc nécessaire pour que le vide du déclin socratique soit comblé par un nouvel imaginaire. Mais est-il possible ? La question ne quittera plus la pensée de Nietzsche. Exactement à la même époque, fin 1872, il rédige et dédicace à Cosima Wagner, à l'occasion des fêtes de Noël, *Cinq préfaces à cinq livres qui n'ont pas été écrits* : la première de ces préfaces, intitulée « La passion de la vérité », oppose précisément, non sans grandiloquence, le philosophe amoureux de la vérité à l'artiste amoureux de la vie. Rêver d'un « artiste-philosophe », n'est-ce pas imaginer le mariage de l'eau et du feu ? Destructeur est le philosophe, dont la passion de la vérité porte la plupart des

1. *Le Livre du Philosophe*, livre I, § 44, *op. cit.*, p. 61.

marques de ce que Freud nommera la « pulsion de mort » ; en face de lui l'artiste symbolise la création et la vie.

> « L'art est plus puissant que la connaissance, car c'est lui qui veut la vie, tandis que le but ultime qu'atteint la connaissance n'est autre que… l'anéantissement[1]. »

Cette phrase, la dernière de la préface en question, manifeste le génie de Nietzsche en ce qu'elle énonce de façon prémonitoire une thèse que toutes les œuvres écrites entre 1872 et 1888 ne seront pas de trop pour étayer, l'une de ses dernières formulations étant l'aphorisme de 1888 « l'art a plus de valeur que la vérité » commenté par Heidegger dans ses *Chemins qui ne mènent nulle part*[2]. Lorsque Nietzsche aura découvert en Wagner un nihiliste déguisé, il tentera de substituer à l'artiste-philosophe le philosophe-artiste et son gai savoir. Sans jamais remettre en cause le projet initial d'une invention mythologique indispensable à notre survie, le philosophe-artiste Nietzsche construira le mythe du Surhomme, rêve d'artiste et de savant, rêve guidé par la connaissance désormais ineffaçable que l'homme a acquise de sa propre histoire et de l'histoire du monde. La déception wagnérienne a bien sûr joué un rôle important dans la décision prise par Nietzsche de devenir lui-même le philosophe-artiste préparant l'avenir. Mais, plus fondamentalement, c'est l'exploration de l'univers de la connaissance qui, à partir de 1876, va préparer la vision du futur des années 1880.

---

1. *Écrits posthumes 1870-1873*, *op. cit.*, p. 172.
2. « Le mot de Nietzsche "Dieu est mort" », in *Chemins qui ne mènent nulle part*, Paris, Gallimard, 1968, p. 199 *sq*.

Scénario 2
L'avenir des esprits libres
(ou l'âge des maîtres de la terre)

Le premier scénario que nous venons d'explorer avait fait de la science la principale responsable de la poursuite indéfinie du déclin hellénique. En se séparant de Wagner, et en rompant avec un esthétisme dont il commence à percevoir qu'il n'est qu'un simulacre de révolution, Nietzsche, à nouveau fidèle à ses premières intuitions, jette un regard plus lucide sur la connaissance. Il approfondit la parenté qu'il avait très tôt pressentie entre la vision présocratique du monde et le sens historique propre à la science contemporaine ; il déroule les différentes facettes d'une entreprise cognitive dont *La Naissance de la tragédie* avait présenté une vision exagérément réductrice ; il découvre dans les méthodes scientifiques des vertus libératrices indispensables à la formation de l'individu. Ainsi libéré, l'esprit scientifique pourra déchaîner une puissance de domination longtemps contenue par les croyances religieuses et les impératifs moraux. Nietzsche, de 1876 à 1880, met ses dons visionnaires au service d'une description de l'âge scientifique à venir, description qui feint parfois l'enthousiasme, mais qu'un examen plus attentif situe à son réel niveau : celui de la positivité d'un panorama par rapport auquel notre haruspice suspend provisoirement tout jugement de valeur. C'est précisément cette neutralité axiologique qui a fait prendre le prophète de la domination de la Terre pour le panégyriste d'une volonté de maîtrise en laquelle viendraient se rassembler les moments culminants de la métaphysique européenne. En distinguant au contraire l'« esprit libre », dont Nietzsche se fait en un sens l'accoucheur, de l'individu métamorphosé dont l'ombre visitera le penseur au terme de cette seconde exploration, on posera les premiers jalons d'une interprétation du Surhomme qu'il s'agit d'articuler le plus rigoureusement possible avec le savant affranchi dont l'aurore de 1880 a dessiné le visage.

§ 1 : Les jardins de Nietzsche

Semblable à Épicure enfermant derrière les murs de son jardin ce qui pouvait être sauvé de la culture grecque à l'époque de sa décadence, Nietzsche a souvent rêvé de fonder une communauté de culture ou une confrérie pédagogique en marge de la société de son temps. Il est certain que la rupture avec Wagner et le rejet définitif du nationalisme germanique aiguisent ce désir, qui les a cependant précédés et qui se révèle d'une étonnante constance tout au long de l'existence du philosophe.

Utopiques ou non, les jardins nietzschéens ne sauraient être conçus autrement que comme des espaces de sélection, de formation et d'épanouissement de l'individualité. Il s'avère donc indispensable, en ce lieu de notre recherche, de mettre en évidence quelques traits fondamentaux de la conception nietzschéenne de l'individu à propos de laquelle les contresens les plus graves ont été énoncés. Malgré certaines hésitations, la pensée nietzschéenne affirme tout au long de son parcours la valeur éminente de l'individualité. De l'assimilation de la doctrine schopenhauérienne du génie à la rencontre avec l'artiste sublime nommé Wagner, de l'apologie de l'« esprit libre » à l'annonce du Surhumain, des prophéties de 1886 sur l'aristocratie de l'avenir aux appels des derniers écrits, l'individualisme caractérise l'ensemble de la philosophie de Nietzsche. Retenons ici l'une de ses dernières manifestations extraite du *Crépuscule des Idoles* :

> « Le fossé entre un homme et un autre, entre une chose et une autre, la multiplicité des types, la volonté d'être pleinement soi, de se distinguer, ce que j'appellerais la **passion de la distance**, voilà qui me semble propre à toute époque forte[1]. »

Ces quelques lignes témoignent à la fois de la fidélité de Nietzsche à ses certitudes individualistes et des difficultés qu'il nous faut surmonter pour ne pas nous méprendre sur la nature de ces certitudes. Un premier obstacle réside précisément dans la relation entre l'individu et l'époque à laquelle il appartient. *La Naissance de la tragédie* et les écrits de la première période donnent souvent l'impression que le jeune philosophe voit dans la naissance de l'individu à l'époque de la décadence grecque le symptôme, voire l'une des causes, du déclin hellénique. Naissance de la conscience critique, distance sceptique de l'individu à l'égard des mythes populaires qui ne lui survivront pas, atomisation dialectique qui brise la belle unité de la pensée mythique, tous ces éléments dessinent un tableau cohérent qui associe sur un mode hégélien l'individualisme socratique à la décadence grecque. À la même période pourtant, le jeune Nietzsche fait siennes la plupart des proclamations aristocratiques de Schopenhauer sur la prééminence de l'individu génial qui seul donne sens à l'histoire ; et durant ces années-là, il vante en Wagner l'artiste de génie qui

1. *Le Crépuscule des idoles*, *O.C.*, tome VIII, volume 1, Paris, Gallimard, 1974, p. 132.

a su s'isoler pour créer l'œuvre exceptionnelle dont les effets bouleverseront la civilisation. Nous sommes bien ici en présence d'une des contradictions apparentes les plus troublantes de la philosophie nietzschéenne. Le personnage de Socrate symbolise cette contradiction, et il faut comprendre en ce sens la confidence déterminante de 1875 : « Socrate, simple aveu de ma part, m'est si proche que je suis en un perpétuel combat avec lui [1]. » La raison de ce combat ? Assurément l'ambivalence de Socrate, emblématique de l'ambivalence de l'individualité que Nietzsche n'en finira jamais d'analyser, afin de dissocier l'individualisme de la maladie et du déclin, de l'individualisme de la santé et de l'avenir. Ce qui chez Socrate relève de l'individualisme, sa rupture avec les valeurs esthétiques de la civilisation hellénique, ses interrogations morales, son absence d'instinct, tout cela est pour Nietzsche signe de faiblesse, d'un affaiblissement dont Socrate n'est à aucun moment dénoncé comme la cause, mais comme le génial accompagnateur. Mais le médecin Nietzsche n'est jamais parvenu à éliminer radicalement une seconde hypothèse, qui perce dans l'aveu que nous venons de citer et refait régulièrement surface en ses écrits : l'individualisme socratique n'est-il pas aussi un signe de santé ? Premier grand individu de l'histoire mondiale, Socrate n'est-il pas indissolublement l'homme fatigué en l'esprit duquel viennent s'évanouir les illusions qui avaient élevé les Grecs à la grandeur, et l'homme sain dont le rire annonce le monde de la mort de Dieu et la naissance d'une humanité qui aura la force de se dispenser des archaïques croyances ? *Par-delà Bien et Mal* insiste sur l'ambivalence socratique comme Nietzsche ne l'avait encore jamais fait :

> « Telle fut la duplicité de ce grand et mystérieux ironiste ; il obligea sa conscience à se contenter d'une sorte d'autoduperie ; au fond,

1. *Le Livre du Philosophe*, IV, § 188, *op. cit.*, p. 219.

il avait percé à jour ce que les jugements moraux comportent d'irrationnel[1]. »

Le Crépuscule des Idoles, dont les douze paragraphes rassemblés sous le titre « Le problème de Socrate » sont parmi les plus beaux et les plus clairs que Nietzsche ait jamais écrits, laisse apparaître en sa conclusion l'hypothèse d'une lucidité absolue du premier homme théorique[2]. À mi-parcours, c'est-à-dire à l'époque d'*Aurore* qui voit la multiplication des proclamations individualistes sous la plume du philosophe, le personnage de Socrate apparaît dans sa face la plus positive comme ancêtre de l'individu libre. Un fragment de l'été 1880 remarque que la Grèce est incontestablement la terre où sont nés les premiers individus (« en Asie il n'y avait que des princes et des législateurs »), et conclut par ces mots : « La morale de l'individu, défiant la communauté et ses principes, commence avec Socrate[3]. »

Socrate incarne donc le double événement qui s'est produit en Grèce : d'un côté, à l'époque de Socrate, l'effondrement d'une

1. *Par-delà Bien et Mal*, § 191, *op. cit.*, p. 219.
2. *Le Crépuscule des idoles*, « Le problème de Socrate », *op. cit.*, p. 69-74. L'ouvrage de Michel Guérin, *Nietzsche, Socrate héroïque* (Paris, Grasset, 1975), contient quelques fort belles pages sur la relation énigmatique entre les deux penseurs. Retenons ce jugement : « Ce que Nietzsche a admirablement percé à jour de Socrate, c'est au fond l'hésitation ; Socrate est "à demi" […]. Le sentiment de Nietzsche est un mélange de colère, d'admiration, de mépris – et pour finir encore d'émerveillement » (p. 50-51).
3. F.p. 4 [77], in *Aurore*, *op. cit.*, p. 399. Cf. Louis Dumont, *Essais sur l'individualisme*, Paris, Le Seuil, 1983, p. 38-39 : « Comment comprendre la genèse de cet individualisme philosophique ? L'individualisme est tellement une évidence pour nous que dans le cas présent il est couramment pris sans plus de façons comme une conséquence de la ruine de la *polis* grecque et de l'unification du monde – Grecs et étrangers ou barbares confondus – sous le pouvoir d'Alexandre. Sans doute il y a là un événement historique sans précédent qui peut expliquer bien des traits mais non pas, selon moi du moins, la création *ex nihilo* de l'individu comme valeur. Il faut regarder avant tout du côté de la philosophie elle-même. »

civilisation admirable dont il est peut-être vain, ainsi que le suggère *Le Crépuscule des Idoles*, de rechercher les raisons ; de l'autre, à l'heure de cette décadence, la venue au monde des premiers individus de l'histoire que cette décadence a rendu possibles mais qu'elle ne suffit nullement à expliquer. Époque décadente infiniment plus complexe que ne le suppose le schématisme hégélien. Ce que nous avons dénommé « dyschronie » dans un précédent ouvrage[1] peut nous aider à comprendre comment la même période historique a vu coexister le déclin d'un peuple et d'une culture, et l'apparition d'une nouvelle espèce d'hommes, malades dans ce qui demeurait d'hellénique en leur corps et en leur esprit, mais en même temps profondément sains. Sains en ce qu'une mutation d'avenir est parvenue à métamorphoser les dociles citoyens de la Cité grecque en individualités capables de défier le groupe. Nietzsche a suffisamment vécu dans son propre corps la coexistence de la maladie et de la santé pour ne pas être insensible à cette dualité des Grecs de la décadence, et peut-être de Socrate lui-même.

Premier contenu du gai savoir, l'intuition de la diversité des individus à venir peut prendre appui sur la diversité des peuples et des cultures qui n'ont pas cédé devant le nivellement que les grands empires historiques, les religions et la science occidentale ont imposé à la majorité des hommes. L'année 1880 est celle durant laquelle se multiplient sous la plume de Nietzsche les appels à une résistance individualiste face aux forces de l'uniformisation. C'est cette exaltation de la diversité des existences et des expériences qui, isolée de son contexte, a permis à certains lecteurs de voir en notre auteur un ancêtre direct des apôtres du « droit à la différence »[2]. Nous ne retiendrons ici,

1. Philippe Granarolo, *L'Individu éternel. L'expérience nietzschéenne de l'éternité*, Paris, Vrin, 1973.
2. C'est cette grille de lecture qu'Henri Lefebvre, auteur du *Manifeste différentialiste* (Paris, Gallimard, 1970), a retenue dans sa trilogie *Hegel, Marx, ou le royaume*

parmi toutes ces proclamations individualistes, que l'une des plus significatives ; après avoir dénoncé, comme il le fait dans la plupart de ces textes, la force uniformisante qui masque sa haine des distinctions (qui n'est pas encore nommée « ressentiment ») sous de nobles prétextes, tels l'apologie du travail, la morale universelle, la nécessité logico-philosophique d'un concept de l'homme, il poursuit en ces termes :

> « Chaque individu ne devrait-il pas être au contraire une tentative pour parvenir à une espèce supérieure à l'homme, à l'aide de ses dons les plus individuels ? Ma morale consisterait à dépouiller l'homme toujours davantage de son caractère général et à le spécialiser, à le rendre jusqu'à un certain point incompréhensible aux autres[1]. »

On conviendra qu'il est difficile d'aller plus loin dans l'apologie des différenciations individuelles. Mais l'annonce du Surhomme, perceptible dans ces lignes de l'automne 1880, incite à faire preuve de prudence dans l'interprétation de ce texte, qui ne pourra être élucidé qu'au moment où nous aborderons le futur surhumain, quatrième étape de la futurologie nietzschéenne.

---

des ombres (Paris, Casterman, 1975), où il interprète le Surhomme comme « différence maximale » : « Le surhumain, différence maximale, ne s'atteint qu'en ébranlant l'identité et en franchissant (surmontant) les différences minimes. Le discours même se dissout, et la pratique poétique invente un langage » (p. 199). Mais en réduisant le nietzschéisme à une « pratique poétique », Henri Lefebvre ne voit pas qu'il dissout à son tour tout le contenu philosophique d'une pensée dont il n'a perçu, comme beaucoup de lecteurs pressés, que la violence des formules et une somme « de contradictions et d'incohérences » (p. 28), ce qui n'a d'ailleurs guère d'importance pour l'auteur dans la mesure où cette pensée ne serait pas vraiment une pensée.

1. F.p. 6 [158], in *Aurore, op. cit.*, p. 516. Cf. F.p. 6 [293], in *Aurore, ibid.*, p. 550.

§ 2 : Originalité du positivisme nietzschéen

Les esprits libres formés au sein des jardins nietzschéens vont bientôt coloniser la terre et donner son style à une nouvelle civilisation. Au milieu de l'année 1877, un aphorisme trace le programme du philosophe pour les années à venir :

> « Il m'est nécessaire d'absorber tout le positivisme, mais sans cesser pourtant de représenter l'idéalisme[1]. »

Pourquoi ce revirement apparent, pourquoi cet intérêt pour les sciences positives de la part d'un penseur qui vient d'annoncer l'irrésistible déclin de la civilisation socratique, le retour d'une pensée tragique balayant les décombres du monde théorique ? Le positivisme nietzschéen, ou, si l'on préfère, l'« Aufklärung » de Nietzsche, est en germe dès les premiers écrits. Certes si l'on met face à face telle page profondément romantique de *La Naissance de la tragédie*, et le paragraphe 24 d'*Humain, trop humain* prophétisant un progrès dans la procréation, l'alimentation, l'éducation, ou le paragraphe 7 du *Gai Savoir* invitant les chercheurs à venir à se pencher sur la nutrition et les expériences de vie communautaire, l'impression de « renversement radical », notée par Fink[2] comme par la majorité des commentateurs, semble fondée. Mais si nous nous souvenons de l'admiration du jeune Nietzsche pour l'effort théorique des philosophes présocratiques arrachant l'homme aux confusions de la mythologie, si nous n'oublions pas que l'amour du corps et de la vie a toujours été perçu par Nietzsche comme le signe évident de la supériorité de la civilisation hellénique, si nous relisons l'apologie, par le conférencier de Bâle, de la méthode et de la rigueur propres à l'esprit scientifique, l'impression d'un « renversement radical » s'évanouit. Nous rejoignons absolument

1. F.p. 22 [37], in *Humain, trop humain*, volume 1, *op. cit.*, p. 411.
2. Eugen Fink, *La Philosophie de Nietzsche*, Paris, Éditions de Minuit, 1965, p. 53.

Curt Paul Janz dans son refus d'« introduire au sein d'un processus continu et profondément cohérent une tension, voire un hiatus »[1].

Les relations entre la science et la philosophie, ou entre la science et l'art, c'est-à-dire entre l'instinct de connaissance qui anime l'humanité occidentale depuis plus de deux millénaires et la nécessité de maîtriser cet instinct et de fixer les buts qu'il est lui-même incapable de déterminer, ont été au centre des premiers écrits nietzschéens. De nombreux paragraphes de l'ouvrage qui aurait dû s'intituler *Le Livre du Philosophe* expriment avec une netteté particulière les rapports que devrait fixer une grande civilisation entre le savoir objectif et les valeurs issues de l'art ou de la philosophie.

> « Il ne s'agit pas d'un anéantissement de la science mais de sa maîtrise [...] il nous faut des forces d'art inouïes pour briser l'instinct illimité de la connaissance »[2] :

ces formules ne seront reniées à aucun moment par le philosophe ; de 1872 à 1888 elles constitueront l'invariant de sa réflexion sur l'état présent et à venir de la civilisation. Mais à partir du moment où Nietzsche doute de l'art wagnérien, et, au-delà de Wagner, des capacités de l'Europe à maîtriser par l'art l'instinct de connaissance, il est tout à fait logique qu'il examine dans toute son étendue le monde réel de la recherche non maîtrisée. Positiviste, Nietzsche l'est dans la mesure où il cesse pour un moment de rêver à une maîtrise de la connaissance (qu'il continue à croire indispensable) pour observer la réalité qui se profile et arpenter les territoires d'un monde où la science se déchaînera.

Dans la dénonciation des anciennes croyances nécessaire au renouveau de la civilisation, Nietzsche découvre en la science un

---

1. Janz, *Nietzsche-biographie*, tome II, *op. cit.*, p. 253.
2. *Le Livre du Philosophe*, § 28, *op. cit.*, p. 47, et § 30, p. 49. Voir aussi les § 31, 36, 37, 39, 44, 46 et 84.

allié de poids. Pour accélérer le déclin de la civilisation socratique, pourquoi ne pas utiliser le marteau de la science moderne ? La singularité grammaticale de l'« instinct de connaissance » ne doit pas faire illusion : derrière l'unité du nom se cachent différentes forces qui, selon les moments, s'unifient ou se combattent. Retourner la science contre elle-même, c'est apprendre à jouer avec ces forces. C'est ainsi qu'il convient de lire un aphorisme de 1880 qui dévoile très clairement la stratégie nietzschéenne des années 1878-1882 :

> « Je sais si peu de chose des résultats de la science. Et pourtant ce peu me semble déjà d'une richesse inépuisable pour éclairer ce qui est obscur et pour éliminer les façons anciennes de penser et d'agir[1]. »

Quels sont les matériaux que contribue à briser le marteau des découvertes scientifiques ? Il s'agit des croyances et des superstitions archaïques que la philosophie grecque avait commencé à rejeter dès la période présocratique, rejet qui avait entraîné l'admiration du jeune Nietzsche. En ce sens, ce qu'on peut nommer l'« Aufklärung » du philosophe n'est que l'accentuation et l'actualisation d'une valorisation de la pensée objective inscrite dans ses tout premiers écrits. Voltaire, à qui est dédié, pour le centenaire de sa mort, *Humain, trop humain*, parachève aux yeux de Nietzsche l'entreprise de purification de l'esprit inaugurée à l'époque grecque.

La connaissance objective contribue également à libérer l'esprit en élargissant considérablement son horizon temporel. Prisonnier d'un espace ethnique et d'une chronologie mythologique qui bornaient étroitement son regard, l'homme des sociétés traditionnelles, même s'il bénéficiait grâce à ces frontières d'une force et d'une unité de style (ainsi que le remarquait la deuxième *Inactuelle*), ne pouvait être qu'un animal grégaire. Le « sens

1. F.p. 4 [290], in *Aurore, op. cit.*, p. 451.

historique » qui a métamorphosé l'homme moderne constitue un puissant instrument de libération malgré les dangers considérables qu'il fait courir à la civilisation. Dans *Le Gai Savoir*, Nietzsche, se projetant dans l'avenir, contemple avec le recul nécessaire la mutation si étrange à laquelle l'homme contemporain demeure aveugle, à savoir « cette maladie singulière que l'on nomme le sens historique » ; sans renier les dangers qu'il avait décelés dans ses premiers écrits, il met en évidence les riches potentialités de cette transformation intellectuelle :

> « Que l'on accorde à ce germe encore quelques siècles et plus, et il se pourrait qu'il finisse par produire une plante merveilleuse d'une non moins merveilleuse odeur, propre à rendre la terre plus agréable à habiter qu'elle ne le fut jusqu'alors[1]. »

La science moderne, en élargissant notre horizon, modifie insensiblement notre vision du monde. Si elle bouleverse les croyances archaïques et semble priver l'homme de tous ses repères, il serait artificiel d'effacer tous les possibles qu'elle laisse entrevoir et de taire la libération qu'elle offre à notre regard. Débarrassé des chaînes qui rivaient sa pensée aux bornes d'une culture particulière et d'une temporalité exiguë, l'homme de l'âge scientifique dispose, grâce à son sens historique, d'un espace digne de sa puissance. La science est donc essentiellement libératrice dans la mesure où elle s'accompagne de ce que le philosophe commence à dénommer, quand il rédige *Aurore*, un « renversement des valeurs »[2]. Mais qu'entendre par cette expression souvent citée et si souvent mal

1. *Le Gai Savoir*, livre IV, § 337, *op. cit.*, p. 227. « Si je considère ce siècle-ci avec les yeux d'un siècle lointain… » : c'est ainsi que commence le paragraphe cité.
2. L'expression apparaît dans les aphorismes non publiés du printemps 1880 : Nietzsche y évoque la nécessité de « renverser une bonne fois tous les jugements de valeur pour avoir la voie libre » (F.p. 3 [54], in *Aurore, op. cit.*, p. 345). Mais il est vrai qu'en dénommant dès 1871 sa philosophie « platonisme inversé » (F.p. 7 [156], in *La Naissance de la tragédie, op. cit.*, p. 308), le Nietzsche des premiers écrits était déjà tout près de l'idée d'un renversement axiologique.

comprise, du moins dans le sens qu'il faut lui donner à l'intérieur du positivisme nietzschéen ? Le renversement des valeurs propre à l'âge scientifique est avant tout un renversement des jugements de valeur, un renversement de l'évaluation morale des hommes et de leurs actions.

> « Je ne nie pas, cela va de soi, dès lors que je ne suis pas insensé – qu'il faille éviter et combattre de nombreuses actions dites immorales ; ni qu'il faille accomplir et encourager de nombreuses actions dites morales, – mais je pense qu'il faut faire l'un et l'autre pour d'autres raisons que jusqu'à présent. Nous devons changer notre façon de juger, – afin de parvenir finalement, et peut-être très tard, à mieux encore : changer notre façon de sentir[1]. »

Modifier son jugement, c'est transformer à terme sa perception, son goût. Cependant les dangers considérables liés à cette évolution ne sont nullement sous-estimés par le Nietzsche positiviste. Dans la période d'errance ouverte par le déchaînement de la science, Nietzsche prévoit que des problèmes pratiques considérables seront posés aux sociétés évoluées. La libération par la science a pour contrepartie un « désavantage essentiel » :

> « L'individu restreint son horizon à sa brève existence [...] il veut cueillir lui-même le fruit de l'arbre qu'il plante[2]. »

Selon qu'il envisage une extension très vaste ou plus limitée de la transformation intellectuelle des hommes, Nietzsche voit un remède à ces périls soit dans un gigantesque effort éducatif, soit dans une sévère restriction de la propagation des moyens de libération de l'esprit, une telle libération ne pouvant être accordée qu'au petit nombre des hommes supérieurs. En intitulant « En lettres d'or » le dernier paragraphe du *Voyageur et son ombre* qui traite de la libération morale de l'homme et de ses dangers,

1. *Aurore*, § 103, *op. cit.*, p. 83.
2. *Humain, trop humain*, § 22, volume 1, *op. cit.*, p. 39-40.

le penseur indique combien cette question a été au centre des préoccupations de sa période positiviste. Tout en réaffirmant que l'homme n'atteindra toute son humanité que lorsqu'il sera délivré des chaînes de la morale et de la religion, il exige « la plus grande prudence » dans cette entreprise de libération, véritable défi que l'animal humain se lance à lui-même. « La liberté de l'esprit ne doit être donnée qu'à l'homme ennobli », écrit-il, car « le temps n'est pas encore venu » d'accorder à tous une liberté dont la plupart ne sauraient faire qu'un usage animal et barbare[1]. L'annonce de la « mort de Dieu » permettra à l'auteur du *Gai Savoir* d'approfondir cette interrogation en articulant de façon beaucoup plus nette la désaliénation entraînée par le savoir objectif, et l'évolution culturelle globale au sein de laquelle l'homme devra se transformer ou disparaître.

Ayant mis à jour le déchaînement de l'instinct de connaissance, l'ouverture de l'espace terrestre et cosmique à notre volonté de puissance, et la disparition progressive de toutes les limitations éthiques, le positiviste Nietzsche peut brosser le portrait de la civilisation planétaire qu'à la manière des haruspices romains il lit dans les entrailles du monde présent.

La civilisation planétaire annoncée par l'haruspice Nietzsche sera celle des masses, elle sera commerçante et elle sera technique. Civilisation des masses, elle le sera d'abord du fait d'une explosion démographique sans précédent qui commençait à inquiéter les hommes de la fin du XIXe siècle, et qui agite périodiquement notre monde médiatique. La « bombe P »[2] que nous redoutons ne saurait inquiéter, selon l'auteur du *Voyageur et son ombre*, que les

1. *Le Voyageur et son ombre*, § 350, *O.C.*, tome III, volume 2, Paris, Gallimard, 1968, p. 294.
2. Expression du démographe américain Paul Ehrlich, animateur du mouvement « Zéro Population Growth », dont l'ouvrage *La bombe P* s'est vendu à des millions d'exemplaires aux États-Unis et en Europe (traduction française chez Fayard, Paris, 1972).

individus atteint de « myopie sénile » ; les esprits libres devraient envisager avec optimisme, et comme un défi à relever, l'extension démographique de l'humanité :

> « Il faut qu'un jour l'humanité devienne un arbre qui couvre tout le globe de son ombre, avec des milliards et des milliards de fleurs [...] des peuples, des siècles entiers s'évertuent à découvrir et à expérimenter de nouveaux moyens par lesquels on pourrait faire prospérer un vaste groupement humain et en définitive le grand arbre de l'humanité dans sa totalité [...]. Ce qu'il faut c'est plutôt regarder en face cette grande tâche et préparer la terre à recevoir cette plante d'une extrême et joyeuse fécondité, tâche de raison pour la raison[1] ! »

Condamnée à la domination de la Terre, la civilisation planétaire sera aussi celle du commerce mondial : l'haruspice Nietzsche, percevant en plusieurs endroits de la planète des sociétés « dont le commerce constitue l'âme », annonce l'extension du libre-échange et l'apparition d'une culture en laquelle la valeur marchande deviendra l'étalon suprême. Une telle annonce n'est guère originale pour l'époque, mais elle est complétée par la vision d'une extension infinie de cette idéologie mercantile : « Imposant sa forme à tout vouloir et à tout pouvoir », la valeur marchande éclipsera tous les autres types d'évaluation, laissant apparaître un monde où tout s'achète et où tout se vend. Peu nombreux sont les penseurs du XIXe siècle à avoir perçu cette évolution et à annoncer une civilisation en laquelle les hommes eux-mêmes pèseront un certain poids en dollars, pour ne citer que le paradigme américain de ce type de société. L'aphorisme d'*Aurore* consacré à cette civilisation mercantile s'achève par cette belle formule :

> « Voilà ce dont vous serez fiers, hommes du siècle à venir[2]. »

---

1. *Le Voyageur et son ombre*, § 189, *op. cit.*, p. 237-238.
2. *Aurore*, § 175, *op. cit.*, p. 137. En fait cette formule est suivie d'une restriction qui confirme la prudence de Nietzsche à ce sujet : « Si les prophètes de la classe commerçante ont raison de vous promettre la possession ! Mais j'ai peu de foi

Enfin la civilisation planétaire sera technique. Les développements de l'aviation occupent régulièrement l'esprit du philosophe positiviste, et le *Zarathoustra*, qui prolonge à certains égards le positivisme nietzschéen, reprendra l'idée d'une aviation abolissant peu à peu les frontières et modifiant les rapports des hommes à la terre :

> « Celui de qui les hommes un jour apprendront à voler, par lui seront renversées alors toutes bornes-frontières »[1].

Bien que naturellement porté à sous-estimer les aspects matériels de la civilisation, Nietzsche pressent, dans sa période positiviste, « un siècle des machines », et une fois de plus il nous faut remarquer que son attention se porte sur les conséquences culturelles des évolutions techniques :

> « La presse, la machine, le chemin de fer, le télégraphe, sont des prémisses dont personne n'a encore osé tirer les conclusions pour mille ans[2]. »

Et si l'audace semble faire défaut à notre auteur lui-même en ce lieu, on admettra que le corpus de ses écrits positivistes consacrés à la civilisation planétaire fournit un certain nombre des conclusions ici réclamées.

Mais la simple domination de la nature par un homme dépourvu de la connaissance de lui-même et de son évolution ne

---

en ces prophètes. *Credat Judæus Apella* – pour parler avec Horace. » L'embarras du philosophe ne saurait cependant réduire à néant la pertinence des réflexions qui précèdent.

1. *Ainsi parlait Zarathoustra*, livre III, *op. cit.*, p. 214. Charles Andler interprète littéralement les formules de ce type en évoquant certains textes bouddhiques sur la lévitation et la victoire d'un homme supérieur sur la pesanteur (cf. *Nietzsche, sa vie et sa pensée*, tome II, Paris, Gallimard, 1958, p. 460-461). Il nous semble à la fois plus prudent et plus conforme aux textes de considérer les allusions de Zarathoustra à un vol de l'homme futur comme les prolongements des aphorismes sur l'aviation déjà cités par nous.

2. *Le Voyageur et son ombre*, § 278, *op. cit.*, p. 270.

ferait que perpétuer le règne du hasard. C'est beaucoup moins comme connaissance, que comme connaissance de la connaissance, que la science moderne s'avère puissance révolutionnaire. Tous les aphorismes d'*Humain, trop humain* insistent sur cette mutation. Retenons-en ces quelques lignes :

> « Les hommes peuvent **en pleine conscience** décider d'orienter l'évolution vers une civilisation nouvelle, alors que jusqu'ici ils se développaient inconsciemment et au hasard : ils pensent aujourd'hui créer des conditions meilleures [...] gouverner l'économie de la terre en totalité [...]. Cette civilisation nouvelle, consciente, tuera l'ancienne[1]. »

Armé d'une connaissance de la connaissance, l'esprit libre pourra envisager des entreprises apparemment démesurées, mais qui pourront éviter le châtiment prométhéen parce qu'il les fondera sur une compréhension parfaite du parcours humain. Libéré des tabous venus de l'arrière-monde, débarrassé des catégories générales qui lui interdisaient de percevoir la réalité du monde humain, l'« esprit libre » voit son horizon se dégager dans toutes les directions : le passé cesse d'être le temps mythologique des origines pour devenir le temps historique d'une aventure enfin décryptée, le futur ne conduit plus vers une échappée transtemporelle mais se fait perspective de domination planétaire, voire cosmique. Un très beau paragraphe d'*Opinions et sentences mêlées* « Bonheur de ce temps », nous présente une vision synoptique de l'âge de la science. S'y entrecroisent et se font mutuellement résonner tous les thèmes que nous venons de parcourir : la métamorphose de la connaissance en esprit historique, le pouvoir issu d'une connaissance par l'homme de sa longue évolution, la domination de la Terre.

1. *Humain, trop humain*, § 24, volume 1, *op. cit.*, p. 41 (c'est nous qui soulignons).

« Notre temps peut s'estimer heureux sous deux rapports. Au regard du **passé**, nous jouissons de toutes les civilisations et de leurs œuvres, et nous nous nourrissons du sang le plus noble de toutes les époques [...]. Quant à **l'avenir**, nous voyons pour la première fois dans l'histoire s'ouvrir à nous l'immense perspective de visées œcuméniques de l'humanité, embrassant toute la terre habitée [...]. **L'humanité peut d'ores et déjà faire absolument d'elle-même ce qu'elle veut**[1]. »

La civilisation des esprits libres étant celle des expérimentations, notre haruspice prédit quantité d'expériences biologiques destinées à améliorer l'homme, à organiser consciemment ce que le hasard a géré jusqu'alors et que notre savoir nous permet à présent d'expliquer et de maîtriser. De multiples aphorismes (de 1881 en particulier) évoquent ces expérimentations, cette « anthropoculture » à laquelle se consacrera la civilisation scientifique. Notre auteur voit dans de telles expérimentations biologiques la meilleure façon de mettre un terme à

« la vieille pleutrerie des races, des luttes raciales, des fièvres nationales et des jalousies personnelles »[2].

On ne saurait imaginer une maîtrise de la Terre sans exploitation de tous les moyens d'améliorer l'espèce humaine. La libération de l'esprit rendra peu à peu intolérables les hasards de la procréation, et d'une manière ou d'une autre les hommes de l'âge scientifique voudront corriger ces hasards, réguler cette loterie qui depuis l'origine de la vie a dû multiplier à l'infini les numéros pour laisser apparaître quelques billets gagnants. Notre futurologue ne voit guère d'autre instrument eugénique qu'une régulation quasiment platonicienne de la procréation. Mais contrairement

1. *Opinions et Sentences mêlées*, § 179, *O.C.*, tome III, volume 2, *op. cit.*, p. 84. La dernière phrase est soulignée par nous.
2. F.p. 11 [276], in *Le Gai Savoir*, *op. cit.*, p. 414.

au Platon de la *République*, Nietzsche évite de construire une Cité imaginaire réglant politiquement les rapports sexuels et organisant la procréation dans une intention eugénique. Il se contentera, au livre I du *Zarathoustra*, de prêcher aux hommes supérieurs la volonté de mettre la procréation au service du dépassement de soi, de concevoir le mariage comme la tension de deux êtres vers « un corps supérieur »[1]. La volonté de corriger le hasard, de ne plus subir les fatalités de la nature, d'améliorer le monde, engendrera donc un projet de perfectionnement de l'espèce humaine dont le XXe siècle a commencé à voir la mise en œuvre. Malgré ce que peuvent avoir de naïf ou de choquant les annonces de l'oracle Nietzsche, nul ne peut nier qu'elles expriment de façon remarquable les vecteurs dominants du monde qui se met en place sous nos yeux.

Le tableau idyllique que le positivisme nietzschéen trace parfois de la civilisation scientifique à venir doit cependant être corrigé par la fréquence des aphorismes annonçant l'entrée dans « l'ère classique de la guerre »[2].

> « Une humanité aussi supérieurement civilisée, et par suite aussi fatalement exténuée que celle des Européens d'aujourd'hui, a besoin, non seulement de guerres, **mais des plus grandes et des plus terribles qui soient**[3]. »

Il convient cependant de préciser que les terribles conflits de l'âge scientifique ne seront pas de simples régressions barbares. D'une part, parce que ce sont des hommes conscients de leur passé, guidés par leur histoire, qui s'affronteront, et plus encore que les guerres modernes (napoléoniennes, par exemple), les

1. *Ainsi parlait Zarathoustra*, livre I, « D'enfant et de mariage », *op. cit.*, p. 84 : « Mariage : ainsi je résume de deux êtres le vouloir de créer un seul être qui soit plus que ses créateurs. »
2. *Le Gai Savoir*, livre V, § 362, *op. cit.*, p. 269.
3. *Humain, trop humain*, § 477, volume 1, *op. cit.*, p. 262.

guerres de l'avenir seront en partie « la conséquence des études historiques »[1]. Les guerres de l'avenir seront pour la première fois des guerres d'idées, l'affrontement de conceptions du monde antagonistes, de projets œcuméniques incompatibles. En intitulant « Hommes préliminaires » l'aphorisme 283 du *Gai Savoir* saluant une future époque belliqueuse « qui livrera des guerres pour l'amour de la pensée et de ses conséquences »[2], l'auteur veut nous faire comprendre l'origine intellectuelle des conflits à venir. À un regard averti se dévoilera le stratège qui conduit la lutte pour la domination de la Terre : **la connaissance**, c'est-à-dire l'interprétation de l'histoire, l'évaluation de la civilisation, la détermination de la valeur humaine. Les dernières lignes du paragraphe cité laissent le prophète remplacer l'haruspice, afin d'annoncer aux esprits libres la proximité de leur règne :

> « La connaissance va étendre la main sur ce qui lui revient en propre : elle désirera **régner et posséder**, et vous régnerez et posséderez avec elle ! »

§ 3 : Qui sont les maîtres de la Terre ?

> « Libre de quoi ? S'en moque Zarathoustra ! Mais que ton œil clairement me l'annonce : libre pour quoi[3]. »

Se reprochant parfois d'être trop bavard, Zarathoustra formule en l'occurrence une interrogation d'une admirable concision, qui semble réduire à néant toute libération de l'esprit que ne guiderait pas la foi annoncée par le prophète. Mais peut-on opposer aussi brutalement la finalité issue de la révélation de 1881 à l'empirisme des années précédentes que n'aurait jamais troublé la question

1. *Aurore*, § 180, *op. cit.*, p. 139.
2. *Le Gai Savoir*, livre IV, § 283, *op. cit.*, p. 193. Il s'agit du paragraphe qui contient la célèbre formule « Construisez vos villes au pied du Vésuve ! ».
3. *Ainsi parlait Zarathoustra*, livre I, « De la voie du créateur », *op. cit.*, p. 76.

du but ? En réalité les écrits de la période positiviste, dominés sans conteste par la volonté de dégager les aspects libérateurs de la science, sont ponctués par de fréquentes mises en garde et laissent apparaître les interrogations finalistes qui deviendront décisives dans la période ultérieure.

Le philosophe positiviste, qui montre comment le recul de la morale ouvrira un champ immense d'expérimentations individuelles et collectives, n'est pas aveugle à la possibilité pour l'homme libéré de se perdre lui-même. Une libération non réglée débouchera fatalement sur l'errance de l'individu, voire de groupes entiers, qui ne gagneront rien d'autre à échapper à la morale que l'angoisse propre aux égarés ou la folie des êtres privés de tout repère. « Voici la maladie moderne : un excès d'expériences. Que chacun rentre donc à temps en soi-même pour ne pas se perdre à force d'expériences »[1], recommande aux esprits libres un aphorisme de 1876.

De même, en annonçant la fin prochaine de l'interprétation morale de nos actes, le Nietzsche positiviste fait un double constat : d'une part, il met en évidence le désenchaînement de l'homme, sur qui cesse de peser la multitude des interdits archaïques, et l'ouverture d'un futur à l'horizon entièrement dégagé ; d'autre part, il observe que le déclin de la morale s'accompagne nécessairement de l'effondrement des fins qui réglaient jusqu'alors l'existence et les actions humaines. Plusieurs aphorismes d'*Aurore* dénoncent l'incapacité de la science à nous fournir une orientation téléologique. Par exemple le paragraphe 108 où nous pouvons lire :

> « C'est seulement si l'humanité avait un **but** universellement reconnu que l'on pourrait proposer : "**il faut** agir comme ceci et comme cela" : pour l'instant il n'existe aucun but de ce genre[2]. »

1. F.p. 17 [51], in *Humain, trop humain*, volume 1, *op. cit.*, p. 331.
2. *Aurore*, § 108, *op. cit.*, p. 87.

L'indication temporelle (« pour l'instant ») signale le caractère transitoire de l'âge scientifique, moment où les esprits libres sont **déjà** libérés des impératifs moraux et ne sont **pas encore** capables de fixer eux-mêmes les buts sans lesquels l'humanité est condamnée à l'errance et au désespoir. Nietzsche n'affirme à aucun moment que la science ou que la technique, outils de la domination de la Terre, puissent tenir lieu d'objectifs pour l'être humain. Il fait néanmoins preuve de clémence envers tous ceux qui se laisseraient séduire par une telle illusion. *Le Voyageur et son ombre* nous apporte une fort belle image à ce sujet ; évoquant le temps des « constructions cyclopéennes » qui commence, le philosophe compare la domination de la terre au travail du jardinier :

> « On n'a pas le droit de juger trop sévèrement les ouvriers du présent s'ils décrètent à grand bruit que le mur et l'espalier **sont** à eux seuls la fin et le but dernier ; c'est qu'en effet personne ne voit encore le jardinier et les arbres fruitiers **pour lesquels** l'espalier est là[1]. »

Cette image nous aide à comprendre **l'extraordinaire tension** qui agite l'esprit de Nietzsche dans la période positiviste de son itinéraire. Une fois perdue l'illusion d'une prochaine renaissance hellénique en Allemagne, le philosophe se contraint à parcourir du regard la civilisation scientifique, l'âge de la domination de la Terre. En découvrant l'immensité des possibles qui s'ouvre devant des esprits libérés des chaînes morales et des fins religieuses, en mesurant l'étendue des expériences auxquelles se livrera

---

1. *Le Voyageur et son ombre*, § 275, *op. cit.*, p. 269. Dans un autre style, *Le Gai Savoir* constatera que notre époque ne sait que faire des moyens qu'elle accumule, qu'elle semble prise d'un délire d'accumulation (recherche de la puissance pour la puissance, de l'argent pour l'argent). « C'est qu'il faut plus de génie pour dépenser que pour acquérir ! (Soit ! Attendons nos petits-fils) » (*Le Gai Savoir*, § 21, p. 69).

l'humanité, en évaluant la quantité des forces que la connaissance mettra à la disposition de l'homme, il accentue et pour ainsi dire dramatise en son esprit le **manque** fondamental de la civilisation à venir, il approfondit le vide où viendra bientôt se lover la seule finalité propre à donner un sens à l'accumulation des moyens que nous contemplons sans la comprendre : la finalité du Surhumain. Le philosophe positiviste va aussi loin qu'on peut aller dans le crédit accordé à la science de guider pour un temps les destinées de l'humanité :

> « Au cours du prochain siècle, l'humanité accumulera peut-être par la domination de la nature beaucoup plus de force qu'elle n'en peut consommer, et il y aura alors chez les hommes une nuance de luxe dont nous ne pouvons avoir aucune idée aujourd'hui [1]. »

Mais de même que ses multiples remarques sur le bonheur des individus durant les périodes de déclin historique ne permettent en rien de le transformer en apôtre de la décadence, sa prophétie du luxe offert aux hommes du siècle à venir ne saurait faire de lui le panégyriste d'une civilisation scientifique sans finalité.

§ 4 : Peut-on réduire le nietzschéisme à la prophétie de la domination de la Terre ?

Notre présentation du positivisme nietzschéen, notre examen de la prévision, par l'auteur *d'Humain, trop humain*, d'*Aurore*, et (en un certain sens seulement) du *Gai Savoir*, d'une civilisation scientifique où un champ immense d'expériences s'ouvrira devant

1. F.p. 4 [136], in *Aurore, op. cit.*, p. 415. Ce fragment non publié annonce de « grandes entreprises » de domination de la planète, ainsi que « la navigation aérienne » (une fois de plus), un nouvel âge de l'architecture, l'utilisation de la main-d'œuvre immigrée, et se termine par ces mots : « Pour préparer un tel avenir, il faut éliminer les mélancoliques, les grognons, les grincheux, les pessimistes… Âge des fêtes. »

la volonté humaine de domination de la Terre, ont pu donner à ceux qui sont familiers de l'interprétation heideggérienne de Nietzsche l'impression d'une proximité avec cette lecture majeure du XXe siècle[1]. Centrée sur la figure du Surhumain considérée comme avant-dernière étape de la Métaphysique occidentale (l'étape ultime étant l'empire planétaire de la Technique), la lecture de Heidegger identifie la volonté de puissance à la volonté du Sujet absolu qui se veut lui-même, et le Surhomme à l'essence de l'homme chargé « de prendre en charge le règne de la Terre »[2]. S'il nous faut dès à présent confronter notre interprétation à celle de Heidegger, alors même que nous n'avons encore rien dit du Surhumain, c'est parce que, selon nous, Heidegger refuse de prendre en compte la rupture nietzschéenne avec le positivisme d'où surgissent les intuitions de 1881. Le penseur de la Technique efface délibérément la distance qui sépare l'« esprit libre » du « Surhomme », il projette sur le *Zarathoustra* les pages de la période positiviste que nous venons de parcourir.

1. Une part essentielle de l'œuvre heideggérienne est consacrée à la lecture de Nietzsche, sous la forme d'une confrontation entre le penseur de la métaphysique achevée et le philosophe du XIXe siècle qui représenterait la dernière configuration et l'aboutissement d'une pensée deux fois millénaire caractérisée par l'oubli de l'Être. Nous devons nous contenter ici de citer les textes qui ont plus particulièrement inspiré nos remarques critiques :
   – *Nietzsche*, t. I et t. II, Günther Neske Verlag, 1961 (tr. fr. *Nietzsche*, tr. Klossowski, Paris, Gallimard, 1971).
   – « Nietzsches Wort "Gott ist tot" », in *Holzwege*, Frankfurt am Main, Klostermann, 1950 (tr. fr. « Le mot de Nietzsche : "Dieu est mort" », in *Chemins qui ne mènent nulle part*, Paris, Gallimard, 1968, p. 173 *sq.*).
   – « Wer ist Nietzsches Zarathustra ? », in *Vorträge und Aufsäztze*, Pfullingen, Neske, 1954 (tr. fr. « Qui est le Zarathoustra de Nietzsche ? », in *Essais et Conférences*, Paris, Gallimard, 1966, p. 116 *sq.*).
2. « Le mot de Nietzsche : "Dieu est mort" », in *Chemins qui ne mènent nulle part*, *op. cit.* p. 207. Nietzsche écrit en effet en 1881 : « Le temps vient où sera livré le combat pour la souveraineté planétaire : il sera mené au nom des doctrines philosophiques fondamentales » (F.p. 11 [273], in *Le Gai Savoir, op. cit.*, p. 412).

Lorsqu'il identifie le Surhomme au fonctionnaire de la Technique, Heidegger télescope les phases d'une pensée plurielle qui exige d'être suivie dans son itinéraire et ses renversements. Une formule des *Essais et Conférences* nous paraît exemplaire de la méthode heideggérienne :

> « Mais d'où vient le cri d'alarme vers le Surhomme ? Pourquoi l'homme d'autrefois et d'aujourd'hui n'est-il plus suffisant ? Parce que Nietzsche reconnaît l'instant historique où l'homme se prépare à accéder à la domination complète de la Terre[1]. »

Supprimons le « parce que » et nous faisons nôtre cette interprétation. Nietzsche est bien l'haruspice qui annonce un âge scientifique où l'homme, débarrassé des tabous religieux et des principes moraux, laissera se déchaîner son instinct de connaissance et mettra son savoir au service de la domination de la Terre. Il y a effectivement chez lui quelque chose qui ressemble à un « cri d'alarme vers le Surhomme ». Mais entre la vision de la civilisation à venir et l'intuition du Surhumain, il y a **solution de continuité** et non déduction logique. Pour dominer la Terre, le Surhomme n'est en rien nécessaire. Les « esprits libres » sont à la hauteur de cette tâche qui n'exige aucune métamorphose de « l'homme d'autrefois », mais le simple retrait des barrières qu'il avait lui-même dressées.

Identifier le Surhomme au fonctionnaire de la Technique exige l'oubli des perspectives critiques du Nietzsche positiviste sur l'empire de la science, la mise entre parenthèses de la théorie nietzschéenne de la civilisation dont nous avons déjà montré l'importance et l'invariance dans l'œuvre du philosophe. Un fragment de l'hiver 1880-1881 nous semble marquer la radicalisation de ces critiques : gommant l'expression « esprits libres », trop nettement affectée par les aphorismes de la période

1. « Qui est le Zarathoustra de Nietzsche ? », in *Essais et Conférences, op. cit.*, p. 122.

positiviste à la dénotation des hommes supérieurs dirigeant les « entreprises cyclopéennes » de domination de la Terre, Nietzsche dicte à une « communauté d'individus libres » la conduite de survie qu'elle devra adopter dans les temps à venir :

> « Un âge de barbarie commence, les sciences se mettront à son service ! [...] Pour **subsister** malgré tout au sein de la barbarie, cette communauté devra être rude et intrépide – préparation ascétique[1]. »

Trois ans avant le *Zarathoustra*, nous sommes déjà en présence d'un texte **inconciliable** avec la réduction heideggérienne du Surhomme au fonctionnaire de la Technique. Ceux qui recevront bientôt le nom de « Surhommes » ne sont pas les maîtres de l'entreprise de domination planétaire propre à l'âge scientifique, mais les êtres exceptionnels qui sont seuls à percevoir une forme de « barbarie » là où tous les autres voient une civilisation, ceux qui sauront se mettre à l'écart pour préserver au sein du chaos les chances d'une renaissance.

Heidegger ramène à l'unité d'une vision la diversité des perspectives nietzschéennes sur le monde à venir, il projette sur le *Zarathoustra* le positivisme d'*Humain, trop humain* ou d'*Aurore*, il confond l'assertorique de la domination de la Terre avec l'hypothétique de la métamorphose de l'homme en Surhomme.

> « Comment passe-t-on du **modèle artistique** explicitement invoqué par Nietzsche à propos du Surhomme, avec tout ce qu'il comporte de surprenant, d'exceptionnel, de radicalement nouveau et différent, au **modèle technologique** décrit par Heidegger avec tout ce qu'il suppose d'intégration et de nivellement ? »,

se demandait très justement Michel Haar[2].

1. F.p. 8 [61], in *Aurore*, *op. cit.*, p. 673-674.
2. Dans un très bel article, *Heidegger et le Surhomme* (*Revue de l'enseignement philosophique*, février-mars 1980, p. 1-17), Michel Haar avait développé une

À aucun moment de son itinéraire, Nietzsche n'a renié son intuition initiale selon laquelle la connaissance ne pouvait servir de base à une civilisation. Sous des formes différentes, il ne cesse de répéter qu'un pôle créateur, qu'une force artiste est indispensable. *La Naissance de la tragédie* avait dégagé, sous l'apollinisme du savoir hellénique, les forces dionysiaques qui étaient le moteur de cette civilisation exemplaire. À la même époque, *Le Livre du Philosophe* dressait le bilan d'un premier examen de la civilisation occidentale :

> « Il s'est trouvé impossible de construire une civilisation sur le savoir [1]. »

S'imaginer que l'annonce d'une ère scientifique par le Nietzsche positiviste des années 1876-1880 remet en question l'idée d'une telle impossibilité ne repose sur aucun fondement.

Nietzsche n'a jamais identifié civilisation et expérimentation, il n'a pas rêvé d'une expérimentation sans fin d'où ne surgirait

---

critique argumentée de la lecture heideggérienne du Surhomme dont nous partageons l'essentiel des conclusions. Faut-il cependant privilégier, comme l'a fait Michel Haar, une explication politique de cette lecture, le Heidegger de 1936-1941 étant particulièrement réducteur afin de dénoncer implicitement l'entreprise nazie de domination de la terre, alors que le Heidegger de 1952 par exemple se montrera beaucoup plus nuancé et laissera apparaître une face du Surhomme non réductible à la maîtrise technique ? Ou au contraire inscrire ce débat dans l'univers non politicien de la pensée, comme le suggérait l'auteur dans les dernières lignes de son texte en supposant que « l'anticipation d'une vertigineuse et effrayante solitude, d'un émiettement, d'une incommunicabilité sans précédent » propre à la pensée de Nietzsche aurait été refusée par le penseur du XXe siècle jugeant « inconvenante » cette « cruelle fragmentation de l'être » ? Adopter la seconde hypothèse conduirait sans doute à établir que des deux géants, Nietzsche et Heidegger, le plus métaphysicien des deux n'est pas celui qu'on pense. En ce qui nous concerne, nous avons exprimé notre position dans la préface que Marcel Conche nous a demandé de rédiger pour son livre *Heidegger par gros temps* qui regroupe deux de ses conférences sur Heidegger (Éditions Les Cahiers de l'Égaré, Le Revest, 2004).

1. *Le Livre du Philosophe*, I, § 73, *op. cit.*, p. 91.

jamais aucune forme stable. Ce qui distingue le Nietzsche positiviste de l'auteur de *La Naissance de la tragédie*, c'est que le jeune wagnérien, subjugué par la musique de son idole, avait renié l'intérêt spontané qu'il portait aux sciences de la nature, alors que le philosophe réveillé de son sommeil romantique redécouvre l'avenir de la science, la puissance libératrice du savoir objectif, et le retournement prochain de la science contre ses fondements métaphysiques. Il trouve alors en la science une alliée dans son entreprise de libération de l'esprit. **À condition** toutefois qu'elle n'étouffe pas l'instinct créateur d'où seul peut naître le mythe qui donnera sens à une nouvelle aventure ; à condition qu'elle ne laisse pas se déchaîner l'instinct de mort que l'auteur de *La Naissance de la tragédie* avait su déceler chez Socrate, et que Nietzsche, surmontant son positivisme, va replacer au centre de ses interrogations.

Scénario 3 :
Les lendemains apocalyptiques (ou la nuit qui vient)

La prophétie de l'âge scientifique des maîtres de la Terre aurait-elle gommé les premières certitudes concernant la maladie des hommes théoriques, aurait-elle tout effacé de la profonde intuition d'un instinct de mort animant l'entreprise socratique de connaissance et de transformation de la nature ? Nietzsche aurait-il renoncé, sans jamais en indiquer les raisons, à tous les acquis de ses premières recherches sur le mouvement général de la civilisation, sur les relations entre l'Art et la Vérité ? Ce serait, reconnaissons-le, un bien étrange oubli, un retournement sans équivalent dans l'histoire de la pensée. Ne faut-il pas, à l'inverse, présupposer une unité de l'interprétation nietzschéenne de la science, hypothèse dont il conviendra bien entendu de démontrer la validité ? Ne faut-il pas prendre au sérieux celui qui, en 1888, jetant un regard rétrospectif sur son itinéraire, déclare que sa

> « préoccupation la plus intime a toujours été en fait le problème de la décadence »[1] ?

1. *Le Cas Wagner*, Avant-propos, *O.C.*, tome VIII, volume 1, *op. cit.*, p. 17.

§ 1 : Le déclin et la fin de l'espèce humaine

Contrairement à ce que l'on croit généralement, ce n'est pas l'opéra wagnérien, mais la découverte des légendes nordiques du roi ostrogoth Ermanarich, qui a ancré dans l'esprit du jeune Friedrich, dès l'âge de seize ans, l'idée d'un crépuscule des dieux. Fasciné par ces légendes auxquelles il voulait donner la forme d'un poème symphonique, ainsi que le rappelle Curt Paul Janz, le lycéen de Pforta découvre avec elles un chef-d'œuvre mythologique et littéraire qui jouera un rôle décisif dans sa philosophie. Il écrit en 1861 :

> « Ce crépuscule des dieux, le soleil devenu noir, la terre engloutie par les flots, l'arbre nourricier universel livré en proie aux tourbillons ardents, le ciel rongé par les flammes du brasier, c'est là l'invention la plus grandiose qu'enfanta jamais le génie humain, une invention inégalée à travers la littérature de tous les temps, infiniment terrible et audacieuse, et se résolvant néanmoins en des accords ravissants[1]. »

Qu'est-ce que le jeune Nietzsche trouve de génial dans ces légendes nordiques ? Assurément la conjonction d'images apocalyptiques et de l'intuition d'un déclin des divinités. Du crépuscule des dieux, dans la légende d'Ermanarich, à la « mort de Dieu » des écrits de la maturité, il y a bien continuité : ce que certains peuples remarquables avaient porté à la parole à travers le langage mythologique, l'humanité moderne privée de mythe le découvre à travers l'abstraction de son savoir. En évoluant du mythe vers le savoir abstrait, la certitude d'un crépuscule des dieux, c'est-à-dire d'une fin de l'espèce humaine, gagne en valeur apodictique ce qu'elle perd en puissance tragique. Commençant à « étendre son ombre sur l'Europe »[2], la mort de Dieu dispense

1. Cité d'après Janz, *Nietzsche-biographie*, t. I, *op. cit.*, p. 81.
2. *Le Gai Savoir*, § 343, *op. cit.*, p. 237.

au plus grand nombre d'hommes le savoir de quelques peuples privilégiés, elle ôte au crépuscule des dieux le flou de l'imaginaire pour confronter l'espèce humaine à la terrible certitude de sa fin. Elle représente du même coup un risque considérable et peut précipiter une fin connue désormais comme inéluctable. La fin des certitudes religieuses unie à la certitude de la fin peut accélérer le déclin de l'humanité, comme elle peut contraindre les hommes à la métamorphose.

Dès 1873, le philosophe trouve, avec le préambule de *Vérité et Mensonge au sens extra-moral*, la forme presque définitive qui convient à l'annonce de la mort de l'homme. Relisons ces quelques lignes :

> « Au détour de quelque coin de l'univers inondé des feux d'innombrables systèmes solaires, il y eut un jour une planète sur laquelle des animaux intelligents inventèrent la connaissance. Ce fut la minute la plus orgueilleuse et la plus mensongère de l'"histoire universelle", mais ce ne fut cependant qu'une minute. Après quelques soupirs de la nature, la planète se congela et les animaux intelligents n'eurent plus qu'à mourir[1]. »

Le fond sur lequel se joue le drame humain est, et restera dans la suite de l'œuvre, l'infinité cosmique, infinité somptueuse, flamboyante, beaucoup plus proche du cosmos d'Empédocle que du silence cosmique pascalien. Le caractère aléatoire et éphémère de l'espèce humaine réduit à néant toutes les fables finalistes par lesquelles l'homme a tenté à travers l'histoire de justifier sa présence. Nietzsche utilise tour à tour le point de vue de l'astronome et celui de l'entomologiste pour déraciner les croyances finalistes que la science n'a pas suffi à détruire : en astronome, il contemple l'infinité spatio-temporelle qui rend dérisoire non seulement l'être

1. *Écrits posthumes 1870-1873*, *op. cit.*, p. 277. Une première version de ce texte se trouve dans l'une des *Cinq préfaces à cinq livres qui n'ont pas été écrits*, « La passion de la vérité » (*ibid.*, p. 171).

humain, mais la « goutte de vie » apparue sur la planète Terre ; en entomologiste, il observe avec le plus grand recul possible l'agitation d'une espèce qui vient d'apparaître dans l'océan du temps et qui probablement disparaîtra bientôt. Un aphorisme du *Voyageur et son ombre* combine les deux regards, celui de l'astronome et celui de l'entomologiste, pour mesurer la rareté de la vie dans l'infinité cosmique et pour formuler l'hypothèse selon laquelle « dans la forêt la fourmi se figure être le but et la fin de l'existence de la forêt avec autant de force que nous le faisons »[1]. Il advient même au philosophe qu'une véritable vision parachève ce travail critique, vision qui se veut détachée et qui découvre avec sérénité le spectacle d'une planète d'où l'espèce humaine et peut-être toute forme de vie auraient disparu :

> « Via Appia – enfin tout repose – un jour la terre sera un tombeau flottant dans l'espace[2]. »

Cette vision d'un monde d'où l'homme aurait disparu jouera dans le *Zarathoustra* et dans les derniers écrits un rôle important trop souvent négligé par les interprètes.

1. *Le Voyageur et son ombre*, § 14, *op. cit.*, p. 165. *Vérité et mensonge au sens extra-moral* affirmait déjà en 1873 dans des termes très proches : « Des éternités ont passé d'où l'intellect humain était absent ; et s'il disparaît à nouveau, il ne se sera rien passé » (*Écrits posthumes 1870-1873*, *op. cit.*, p. 277).
2. F.p. 42 [17], in *Humain, trop humain*, volume 1, *op. cit.*, p. 413. Cette vision nietzschéenne est prolongée au XXe siècle par les auteurs de « science-fiction ». L'hypothèse d'une disparition totale de l'espèce humaine est devenue banale depuis Hiroshima et a donné lieu à quantité de romans et de nouvelles. Mais bien avant la première explosion nucléaire, en 1935, un auteur comme Don A. Stuart, dans une nouvelle intitulée *Night*, décrivit avec beaucoup de poésie la planète morte que découvre un voyageur temporel rejoignant la Terre en un moment où le système solaire est proche de sa fin (Don A. Stuart est le pseudonyme de John W. Campbell, qui devint par la suite directeur de la célèbre revue *Astounding Stories*). On trouve la traduction de cette nouvelle dans le recueil de J. Sadoul *Les Meilleurs récits de Astounding Stories*, Paris, Éditions « J'ai lu », 1974, p. 191-219.

Notre examen du positivisme nietzschéen nous a amenés à montrer comment le philosophe se proposait de métamorphoser le destin en volonté (par exemple en apprenant à diriger l'effondrement de l'interprétation morale de nos actes que nous avons jusqu'à présent subi). Nous retrouvons le même volontarisme apparent au niveau des intuitions apocalyptiques, volontarisme qui permet au Nietzsche positiviste de se réconcilier avec le Nietzsche romantique. Sur le modèle de la mort volontaire qui deviendrait la règle d'une humanité débarrassée des tabous moraux, il imagine en pleine période positiviste un suicide collectif de l'humanité sacrifiant son existence sur l'autel de la connaissance. La plus belle occurrence de cette idée d'une mort volontaire de l'espèce humaine tout entière peut se lire dans un étonnant paragraphe d'*Aurore* qui a pour titre « Une issue tragique de la connaissance », titre qui suffit à jeter un pont entre les premiers écrits du philosophe et ceux de sa période positiviste :

> « On n'a encore jamais posé le problème de savoir [...] quel besoin de connaissance pourrait pousser l'humanité à se sacrifier elle-même, à mourir, un éclair de sagesse prémonitoire au fond des yeux. Peut-être que s'il s'établit un jour une fraternité dans l'intérêt de la connaissance avec les habitants d'autres planètes, et si au cours des millénaires le savoir s'est propagé d'étoile en étoile, peut-être qu'alors l'enthousiasme de la connaissance culminera à cette hauteur[1]. »

La vie extraterrestre, déjà présupposée par Fontenelle ou par Kant (mais plus rarement évoquée par les penseurs du XIXe siècle), sert ici de médiation entre l'idée positiviste d'un savoir devenu

1. *Aurore*, § 45, *op. cit.*, p. 48. La quatrième *Inactuelle*, *Wagner à Bayreuth*, présentait en des termes plus nettement romantiques cette même hypothèse : « Et s'il est vrai que l'humanité doive un jour périr tout entière – qui pourrait en douter ? – sa tâche suprême, pour tout l'avenir, doit être de se fondre en une telle unité, en une telle communauté, qu'elle se porte tout entière à la rencontre de sa fin, dans un état d'âme tragique » (« Wagner à Bayreuth » in *Considérations inactuelles III et IV*, *op. cit.*, p. 118). Cf. *Aurore*, § 435, p. 235-236.

valeur suprême et l'intuition apocalyptique d'une disparition de l'espèce humaine. Nietzsche, en écrivant ces lignes, semble envisager un voyage intersidéral dont les hommes du futur n'auraient qu'une chance infime de revenir : il faudra attendre l'imagination débridée des auteurs de science-fiction du XXe siècle pour rencontrer des scénarios analogues.

Si rien ne permet de dater la disparition de l'espèce humaine, une intuition nietzschéenne refait constamment surface et contribue à dramatiser l'annonce de la mort de l'homme : l'intuition d'un déclin de l'espèce, le sentiment que nous vivons les prémices d'une période critique au terme de laquelle l'homme pourrait bien disparaître. L'haruspice qui a fouillé dans les entrailles de la civilisation occidentale laisse la place à la pythie, et le philosophe devient malgré lui

> « le prophète d'un obscurcissement, d'une éclipse de soleil comme jamais il ne s'en produisit en ce monde »[1].

À de très rares exceptions, sur lesquelles nous reviendrons, Nietzsche est saisi d'angoisse quand il perçoit jusqu'où pourrait aller un déclin humain déjà esquissé que rien ne viendrait corriger. *Par-delà Bien et Mal* nous en apporte l'un des plus tragiques aveux :

> « Mais ceux qui ont le don peu répandu d'apercevoir le danger d'une déchéance générale de "l'homme" même, ceux qui, comme nous, ont mesuré l'incroyable hasard qui a présidé jusqu'ici aux destinées de l'humanité – selon un jeu que ne dirigeait nulle main, pas même la "main de Dieu" –, ceux qui devinent l'inconscience fatale que recèlent la sotte candeur et l'optimisme des "idées modernes", plus encore de toute la morale chrétienne et européenne, ceux-là souffrent d'une angoisse à laquelle aucune autre ne peut se comparer[2]. »

1. *Le Gai Savoir*, § 343, *op. cit.*, p. 225.
2. *Par-delà Bien et Mal*, § 203, *op. cit.*, p. 116-117.

Grâce à son don visionnaire, Nietzsche découvre un paysage arasé où les forces uniformisantes auront achevé leur œuvre de mort.

§ 2 : Symptômes de la décadence

Trois symptômes méritent d'être privilégiés parmi ceux qui permettent au docteur Nietzsche de diagnostiquer la maladie de la civilisation uniformisée, symptômes qui peuvent également être considérés comme des accélérateurs de la décadence. Le premier d'entre eux est le développement des simulacres dont Platon avait déjà fait le signe caractéristique du déclin hellénique. En multipliant les simulacres, en offrant à tous ses membres d'innombrables leurres par le biais desquels ils peuvent satisfaire leurs pulsions, une civilisation raffinée affaiblit les individus. Tragique répétition historique de l'écrasement du civilisé affaibli par les forces de la barbarie. Nietzsche le note en 1880 :

> « Pourquoi la culture rend-elle faible ? Carthage succomba devant une Rome moins cultivée, la haute culture arabe succomba, etc. Parce que dans la culture la satisfaction en imagination du besoin de puissance est trop estimée et rendue trop facile : si bien que la puissance véritable s'affaiblit[1]. »

Tant que l'histoire a fait cohabiter des civilisations raffinées et des peuples barbares, l'inflation des simulacres a été régulièrement enrayée par ces peuples auxquels l'indigence de leurs icônes imposait d'entretenir leur puissance réelle. Mais le travail millénaire de l'uniformisation construit un univers d'où disparaîtront les destructeurs de simulacres. Une Carthage universelle ne pourra que s'affaiblir indéfiniment, même si elle

---

1. F.p. 4 [257], in *Aurore, op. cit.*, p. 443.

se pourvoit en menaces imaginaires : n'est-ce pas là la fonction illusoire des barbares extraterrestres engendrés à profusion tout au long du XXe siècle par la littérature et le cinéma de science-fiction ?

Un second symptôme est le rétrécissement temporel qui prive les membres de la civilisation atomisée de la dimension du passé comme de celle de l'avenir. C'est peut-être sur ce plan qu'une lecture postmoderne qui a parfois considéré Nietzsche comme le zélateur d'une civilisation vivant dans un éternel présent mérite la dénonciation la plus radicale. Rien de moins nietzschéen que cet « empire de l'éphémère » en lequel nous sommes entrés, monde au demeurant très subtilement dépeint par Gilles Lipovetsky, et qui se caractérise selon le sociologue par une

> « immense inversion de la temporalité sociale consacrant la prééminence du présent sur le passé, l'avènement d'un espace social arc-bouté sur le présent, le temps même de la mode »[1].

1. *L'Empire de l'éphémère*, Paris, Gallimard, 1987, p. 317. C'est dans le lien qu'il noue entre l'éphémère et l'individualisme que Gilles Lipovetsky s'oppose le plus radicalement aux thèses nietzschéennes. Animé de la certitude selon laquelle l'intégration des principes démocratiques est le plus solide garant des différenciations individuelles, l'auteur de *L'Empire de l'éphémère* peut ainsi écrire : « Plus le ludique l'emporte, plus l'ethos économique est réhabilité ; plus l'éphémère gagne, plus les démocraties sont stables, peu déchirées en profondeur, réconciliées avec leurs principes pluralistes » (*op. cit.*, p. 17). Plus sociologue que philosophe, Gilles Lipovetsky n'a que rarement confronté ses analyses aux prophéties nietzschéennes. Il notait cependant, dans son premier ouvrage, *L'Ère du vide* (Paris, Gallimard, 1983) : « Tout **d'indifférence**, le désert postmoderne est aussi éloigné du nihilisme "passif" et de sa délectation morose sur l'inanité universelle que du nihilisme "actif" et de son autodestruction. Dieu est mort, les grandes finalités s'éteignent, mais **tout le monde s'en fout**, voilà la joyeuse nouvelle, voilà la limite du diagnostic de Nietzsche à l'endroit de l'assombrissement européen » (*L'Ère du vide*, *op. cit.*, p. 41-42). S'agit-il vraiment d'une « joyeuse nouvelle », ou au contraire d'une bien inquiétante confirmation de la validité des prévisions nietzschéennes sur l'avenir européen ? Une note en bas de page a le mérite de rappeler que la vision nietzschéenne du monde à venir est plus complexe et plus ambivalente que ne semble l'indiquer

Nietzsche, à l'inverse, malgré les dangers considérables qu'il associe à l'extension du savoir historique, considère la durée comme une condition essentielle de la civilisation. Le cinquième livre du *Gai Savoir* l'affirme avec la plus grande netteté :

> « La durée est ici-bas une valeur de premier ordre[1] ! »

Enfin un troisième symptôme doit être retenu parmi ceux qui expriment le déclin de la civilisation et peuvent en accélérer le nivellement : il s'agit de ce que l'on pourrait dénommer l'anarchie symbolique. On ne saurait trouver dans toute l'œuvre nietzschéenne un seul paragraphe qui contredise les certitudes de la deuxième *Inactuelle* concernant la nécessité d'un « horizon » à l'intérieur duquel la vie peut être féconde ; sans cet horizon, l'être humain ne peut plus vouloir, et devient l'individu décadent dont le texte de 1874 dressait un portrait quasiment définitif :

> « L'homme infiniment plus juste et plus savant se consume et dépérit, car ses lignes d'horizon se déplacent sans cesse, car il ne peut se dégager de la toile combien plus ténue de sa justice et de sa vérité, pour retrouver l'immédiateté élémentaire du vouloir et du désir[2]. »

De même que l'inflation des simulacres n'a été historiquement freinée que par la puissance non imaginaire des peuples moins civilisés, c'est la menace des peuples barbares qui a placé les civilisations développées devant ce dilemme vital : redéfinir un horizon, fixer les valeurs auxquelles on s'identifie, ou bien disparaître. L'éventualité d'une uniformisation planétaire fait donc entrevoir là encore l'ombre d'un monde indéterminé, non

---

le sociologue dans cette page. Confronter la futurologie nietzschéenne au panorama tracé par Gilles Lipovetsky mériterait une longue étude que nous ne pouvons bien évidemment mener ici.

1. *Le Gai Savoir*, § 356, *op. cit.*, p. 257.
2. « De l'utilité et des inconvénients de l'histoire pour la vie », § 1, in *Considérations inactuelles I et II*, *op. cit.*, p. 98.

pas chaos mais désordre atomisé, que plus rien ne contraindrait à sortir de l'anarchie symbolique en laquelle il se complairait ; un monde d'où s'évanouiraient peu à peu tout désir et toute volonté. La vision toujours plus nette de ce monde malade nécessite de pénétrer beaucoup plus profondément dans l'étiologie du mal.

§ 3 : Le « christianisme » de la science

Afin de formuler un diagnostic d'ensemble sur la civilisation uniformisée qui se met en place, il faut découvrir et évaluer l'instinct fondamental qui anime son mouvement général. Les intuitions de la période de Bâle sur le socratisme de la civilisation occidentale vont se conjuguer avec les principaux résultats de la phase positiviste pour déterminer de façon définitive le contenu de cet instinct : les deux mots par le biais desquels il est visé, « science » et « christianisme », ne signifient pas la moindre dualité, mais désignent les deux faces d'une unique tendance, les deux couleurs d'une bannière dont le philosophe devine qu'elle flottera bientôt sur la totalité de la planète.

Chronologiquement, la mise en évidence par Nietzsche de ce que nous allons dénommer, en conservant à ce vocable toute l'étendue sémantique que lui donne Nietzsche lui-même, « christianisme » de la science, précède la mise en œuvre en ses derniers écrits d'une science du christianisme. Cette antériorité reflète l'existence de deux plans situés à des profondeurs différentes, « christianisme » désignant finalement une strate plus enfouie de l'instinct dont le vocable « science » symbolise l'enveloppe. Toutes les confidences d'*Ecce Homo* ne sont point, tant s'en faut, à prendre au pied de la lettre, mais on peut suivre leur auteur quand il affirme :

« C'est en cela que consiste mon habileté : avoir été bien des choses et en bien des endroits pour devenir un – pour pouvoir atteindre à l'unité. Il était nécessaire que, pour un temps, je fusse, aussi, un savant[1]. »

Le constat relativement banal de l'absence de finalité de la science recèle une énigme, et c'est cette énigme que le Nietzsche savant va s'efforcer d'élucider : pourquoi cette activité non-finalisée se déchaîne-t-elle aujourd'hui ? Pourquoi l'homme contemporain lui sacrifie-t-il l'essentiel de ses forces ? Se faire soi-même savant pour interpréter les pulsions qui animent la recherche scientifique constitue certainement l'une des manifestations majeures de ce que le philosophe, suivi par la plupart de ses interprètes, nommera son « perspectivisme ». Derrière le déchaînement de la science se cache nécessairement une croyance, un instinct fondamental qu'il faut mettre à jour. La figure de Socrate, même si elle ne réapparaît explicitement que dans *Le Crépuscule des idoles*, ne cesse d'éclairer l'interprétation nietzschéenne de la science. Loin d'être moribonde, comme l'avait cru le professeur bâlois aveuglé par les créations wagnériennes, la religion socratique étend son emprise au moment où s'écroulent les derniers tabous qui interdisaient sa consécration. *La Naissance de la tragédie* avait décrypté sous la froideur logique de Socrate la passion de la connaissance, *Le Gai Savoir* et les œuvres qui suivront s'appliqueront à dégager, sous les procédures de la science moderne, la force religieuse qui l'anime. Croire en la science n'a rien de scientifique : une croyance qui entraîne l'éradication de toutes les convictions antérieures, une conviction qui suffit à expulser toutes les autres et à assurer la conduite de toutes les pratiques humaines, a toutes les chances d'être la plus puissante autant que la plus aveugle des croyances. On peut alors se demander si l'instinct qui anime la science

1. *Ecce Homo*, *op. cit.*, p. 295.

moderne n'est pas l'aboutissement de l'instinct de normalisation qui a guidé pendant des millénaires l'humanité archaïque et, avant même l'apparition de l'homme, la vie sous toutes ses formes.

> « Une formidable cruauté a existé depuis le début de la vie organique, éliminant tout ce qui "ressentait autrement" – La science n'est peut-être qu'un prolongement de ce processus éliminatoire, elle est totalement inconcevable si elle ne reconnaît pas l'"homme normal" en tant que la "mesure" suprême, à maintenir par tous les moyens[1] ! »

Nietzsche développera dans ses dernières œuvres une interprétation de la science moderne qui peut paraître en contradiction radicale avec les analyses de la période positiviste. Il n'est pas question pour nous d'édulcorer l'excès et le caractère tout à fait unilatéral de la plupart des formules de 1886-1888, ni de masquer une violence verbale dont il nous faudra le moment venu rechercher l'origine. Mais on ne saurait pas davantage prétendre à une lecture de Nietzsche en négligeant les changements d'échelle et de perspective qui séparent les textes de l'époque du *Gai Savoir* de l'entreprise généalogique qui clôt l'itinéraire nietzschéen. C'était en psychologue et en pédagogue, au niveau de la libération de l'individu, que le Nietzsche de l'époque positiviste interrogeait la science moderne comme un élément d'épanouissement humain et comme un moment nécessaire de la formation des libres esprits. C'est en philosophe de l'histoire qu'il interprète, à partir de *La Généalogie de la Morale*, la signification de l'essor de la connaissance dans le devenir des civilisations ; c'est en philosophe de la vie, sur le plan de l'espèce, à l'échelle des millénaires, qu'il décrypte derrière le déchaînement de la connaissance un élément de lassitude, une perte de confiance en l'avenir.

Abandonnant l'analyse psychologique du savant, le Nietzsche de *La Généalogie de la Morale* s'interroge sur ce que l'on pourrait

1. F.p. 11 [252], in *Le Gai Savoir, op. cit.*, p. 404.

nommer, en paraphrasant Kant, les conditions biologiques de possibilité de la connaissance. Il découvre alors que l'« objectivité » de l'homme de science, qui avait pu apparaître au psychologue de la période positiviste comme un indice de maîtrise de soi et comme un signe de haute culture, ne peut devenir l'idéal d'une civilisation qu'au moment où le monde en son ensemble s'est évanoui dans une indifférenciation axiologique qui culmine en une perte de confiance dans l'avenir. Avec en mémoire les acquis de la deuxième *Inactuelle* de 1874, le philosophe de 1886 interprète comme « nihiliste » la métamorphose du goût qui a donné à l'ensemble des choses un parfum d'indifférence[1]. S'il ne saurait y avoir « objectivité » pour l'homme d'action, l'objectivité dont la science se glorifie a pour corollaire l'indifférence du monde. Seul celui qu'aucun instinct ne pousse plus à tendre vers l'avenir des mains créatrices peut voir le monde avec suffisamment d'indifférence pour y jeter un regard scientifique. Dès 1881, le philosophe notait dans ses cahiers ce développement de l'indifférence du monde :

> « L'indifférence ! Une chose ne nous concerne pas, nous pouvons en penser ce que nous voudrons, il n'y a là ni avantage ni désavantage pour nous – **voilà** le fondement de l'esprit scientifique. Le nombre de pareilles choses n'a cessé d'augmenter : le monde n'a cessé de se faire de plus en plus indifférent[2]. »

---

1. Voir par exemple *La Généalogie de la morale*, *op. cit.*, p. 342 : « La science historique moderne dans son ensemble aurait-elle par hasard montré plus de confiance dans la vie, dans l'idéal ? Aujourd'hui son ambition la plus noble est d'être un miroir ; elle rejette toute téléologie, ne veut plus rien "prouver", se refuse à être juge, c'est là son bon goût ; elle affirme tout aussi peu qu'elle nie, elle constate, elle "décrit" [...]. Tout cela est fortement ascétique, mais bien plus fortement encore nihiliste, qu'on ne s'y trompe pas ! » Il est certain que la « science historique » symbolise ici la science en général, mais le fait que Nietzsche se réfère à l'histoire confirme notre hypothèse selon laquelle la deuxième *Inactuelle*, « De l'utilité et des inconvénients de l'histoire pour la vie », a puissamment contribué à préparer l'interprétation de la science qui se déploie dans les derniers écrits.
2. F.p. 11 [110], in *Le Gai Savoir*, *op. cit.*, p. 350.

Le simple constat de l'époque du *Gai Savoir* cède peu à peu la place à l'interprétation critique dénonçant derrière l'impérialisme du savoir objectif la puissance nihiliste qui accomplit son œuvre de destruction.

§ 4 : La science du « christianisme »

Nietzsche, après avoir dévoilé, sous l'apparence de vitalité et d'approbation du monde qu'offre la puissance techno-scientifique, l'instinct négatif qui accomplit par elle son œuvre de destruction, se retrouve devant une tâche gigantesque : celle de traquer en ses multiples manifestations la force nihiliste dont le déchaînement scientifique ne représente que l'émergence visible, celle de faire face à la tendance dominante des deux derniers millénaires. On notera que les trois dissertations de *La Généalogie de la Morale* répètent les conclusions de la période positiviste en accentuant la métamorphose temporelle qui caractérise l'individu moral. Alors qu'*Humain, trop humain* et *Le Gai Savoir* insistaient sur l'hypocrisie morale et sur la contradiction entre les comportements humains et le maquillage idéologique qui les camoufle, *La Généalogie de la Morale* et *L'Antéchrist* mettent l'accent sur la perte du sens de l'avenir qui marque de part en part la mythologie « chrétienne ».

Celui que Nietzsche nomme le « faible » en ses derniers écrits est essentiellement l'homme qui a perdu le sens de l'avenir, celui dont l'instinct de vie s'est affaibli au point qu'il ne saurait plus rien sacrifier de son présent au bénéfice de l'avenir sans se détruire lui-même. Cette faiblesse, l'homme malade la nomme « bonté », et de même que Socrate a offert aux Athéniens décadents une éthique qui transmuait fantasmatiquement les contradictions de leurs instincts fatigués en triomphe de la maîtrise morale de soi, de même le christianisme a apporté aux hommes las de l'Antiquité épuisée un masque prestigieux qu'il faudra presque deux millénaires pour arracher. Il est essentiel de rappeler ici que la force et la faiblesse ne distinguent pas à la surface de la terre des races, des classes ou des peuples, qu'elles ne sacralisent aucune des hiérarchies actuellement présentes. La frontière entre force et faiblesse passe à l'intérieur de chacun de nous, elle sépare au plus profond de nous-mêmes ce qui veut survivre de ce qui a renoncé au monde. Est fort celui qui sait réentendre la voix de la vie qui veut s'épanouir, celui à qui cette écoute, loin de lui accorder le moindre privilège ou la moindre domination sur les autres, impose le plus exigeant des devoirs. Ainsi doit-on lire, en surmontant les contresens accumulés depuis un siècle, des formules semblables à celle-ci, extraite de la troisième dissertation de *La Généalogie de la Morale* :

> « Le supérieur ne doit pas s'abaisser jusqu'à devenir l'instrument de l'inférieur, le pathos de la distance doit aussi séparer de toute éternité les tâches ! Comme le privilège de la cloche sonore sur la cloche fêlée, leur droit à l'existence est mille fois supérieur : eux seuls sont les garants de l'avenir, eux seuls ont des devoirs vis-à-vis de l'avenir des hommes[1]. »

---

1. *La Généalogie de la morale*, *op. cit.*, p. 314. Parmi les innombrables mises au point arrachant la thématique du fort et du faible aux contresens de type nazi, l'une des plus pertinentes est due à la plume d'Angèle Kremer-Marietti dans la longue et belle introduction aux aphorismes de 1887 qu'elle a publiés sous le titre *Le Nihilisme européen* (Paris, U.G.E., collection 10-18, 1976). Son étude a le mérite d'exposer les principales interprétations du nihilisme et de dénoncer les contresens répétés, avec quelques variantes, par bon nombre d'interprètes de Nietzsche. On lira plus particulièrement son troisième chapitre, « Le nihilisme européen et la philosophie allemande » (*op. cit.*, p. 55-100). Contentons-nous ici de citer ce qu'Angèle Kremer-Marietti écrit à propos de l'interprétation de Jaspers : « Au contraire des autres penseurs politiques, Nietzsche n'a pas une vue limitée du politique [...]. Il n'y a donc pas de contenu politique pratique précis, mais seulement la forme d'un mouvement que Nietzsche voudrait imprimer aux hommes disponibles qui l'entendent »

À ce premier critère de reconnaissance du « christianisme » s'ajoute un second trait caractéristique : le dégoût de l'homme. En nommant « nihilisme », à partir de 1886[1], la vague de fond qui emporte la civilisation européenne vers le nivellement et l'effondrement de ses valeurs, Nietzsche vise avant tout le trait majeur du goût « chrétien » c'est-à-dire le grand dégoût vis-à-vis de lui-même et de son avenir qui s'est emparé de l'homme à la fin de l'Antiquité. « Christianisme » et « nihilisme » se font synonymes à l'heure où l'être humain découvre qu'il n'avait projeté dans l'arrière-monde du monothéisme que son renoncement à l'avenir et sa grande lassitude :

> « Tel est le funeste destin de l'Europe – ayant cessé de craindre l'homme, nous avons du même coup cessé de l'aimer, de le vénérer, d'espérer en lui et même de le vouloir. Désormais le spectacle qu'offre l'homme fatigue – qu'est-ce aujourd'hui le nihilisme, sinon cela ? [...] Nous sommes fatigués de l'homme[2]. »

Mais ce qu'il faut garder en mémoire devant les formules souvent excessives de *La Généalogie de la Morale* ou de *L'Antéchrist*, c'est qu'entre le soupçon d'une lassitude socratique ou chrétienne présent dès les premiers écrits, et la fatigue nihiliste traquée de 1886 à 1888, Nietzsche a découvert à l'époque du *Zarathoustra* que cette fatigue est encore un vouloir, que c'est la vie qui s'exprime à travers la lassitude comme à travers la création, ainsi que le

---

(*op. cit.*, p. 73). Et cette autre remarque quelques pages plus loin : « Nietzsche cherche son peuple dans le lointain avenir, hors du nihilisme produit avec le christianisme, le bouddhisme, le brahmanisme : ces religions ont en commun d'avoir glorifié un concept opposé à la vie [...], en un mot "le nihilisme passif des faibles" » (*op. cit.*, p. 78).

1. La première définition approfondie de la notion de « nihilisme » dans l'œuvre publiée de Nietzsche, se trouve au livre V du *Gai Savoir*, cinquième livre publié en 1886 et ajouté aux quatre livres de l'édition originale de 1882 : *Le Gai Savoir*, § 346, *op. cit.*, p. 242-244.

2. *La Généalogie de la morale*, *op. cit.*, p. 240-241.

répètent les conclusions de chacune des trois dissertations de *La Généalogie de la Morale* :

> « Tout cela signifie, osons le comprendre, une volonté de néant, une aversion de la vie, une révolte contre les conditions fondamentales de la vie, mais cela est et demeure une volonté ! [...] Et pour répéter à la fin ce que j'ai dit au début : l'homme aime mieux vouloir le néant que ne pas vouloir[1]. »

La clef de l'entreprise généalogique nietzschéenne est à rechercher dans ces formules, et non dans la symbolique embrouillée par laquelle l'auteur tente de dessiner le partage des forces qui animent l'histoire universelle. Ce que Nietzsche nomme « christianisme » n'est donc pas une brutale métamorphose qui aurait transformé en créatures malades les peuples sains de l'Antiquité, ce n'est pas le triomphe soudain des forces réactives qui ont toujours existé dans l'histoire, mais la révolution par laquelle ces forces réactives deviennent pour la première fois aptes à occuper l'espace imaginaire où se projetaient jusqu'alors la puissance créatrice des peuples, la ruse géniale qui non seulement leur permet de survivre, ce qui est le propre de toutes les constructions imaginaires des hommes, mais surtout leur apporte un masque capable d'égarer tous ceux chez qui dominent encore les forces créatrices.

§ 5 : Précipiter la décadence

La brève préface de *Par-delà Bien et Mal*, qui date de juin 1885 et fait expressément référence à Sils-Maria, recèle au cœur d'une parenthèse une affirmation décisive : « Le christianisme est un platonisme pour le "peuple" »[2]. Par une de ces formules

1. *Ibid.*, p. 347. Ce sont les tout derniers mots de *La Généalogie de la morale.*
2. *Par-delà Bien et Mal*, préface, *op. cit.*, p. 18.

lapidaires dont il a le secret, Nietzsche résume l'immense travail interprétatif qui a été le sien depuis les années bâloises, et trace le point de convergence où viennent se rassembler deux voies qui semblaient jusqu'alors s'ignorer : celle de la méditation sur le sens de la civilisation scientifique issue du socratisme, et celle de la critique de la morale « trop humaine » issue du christianisme. L'intuition du jeune philosophe, qui devinait dans le socratisme une haine à l'égard du sensible et un véritable instinct de mort, et l'interprétation par l'auteur du *Zarathoustra* du ressentiment qui anime la morale chrétienne, se rejoignent ici. Mais pour évaluer l'instinct dominant qui anime la civilisation occidentale, il convient de le laisser se déchaîner imaginairement afin de contempler le monde qu'il engendre : une vision est ici nécessaire, qui nous révèle, au moment où nous avons peut-être encore la force de choisir un autre chemin, le paysage de mort qui nous attend au terme du parcours.

Ce paysage de mort, Nietzsche en a eu très jeune l'intuition. Ses premiers écrits en portent tous la trace. Nous rappellerons celle-ci :

> « L'humanité a dans la connaissance un beau moyen pour périr[1]. »

Énoncée dans une langue encore romantique, cette intuition d'une disparition de l'espèce humaine liée au développement de la science ne quittera plus jamais Nietzsche, pour qui la terre entière refroidit, et qui se donne pour mission de tendre à la vision de l'achèvement de ce cycle, ce à quoi il se livre durant l'hiver 1880-1881 : si rien ne freine la glaciation en cours, l'apocalypse à venir verra apparaître, nous dit-il, la venue d'hommes « froids comme des astres », derniers échantillons d'une espèce proche de sa disparition :

1. *Le Livre du Philosophe*, § 125, *op. cit.*, p. 121.

> « La parfaite connaissance nous ferait probablement tourner autour des choses, froids et brillants comme des astres – encore un court instant ! Et puis ce serait notre fin[1]. »

Il faut contraindre une science encore attiédie par l'optimisme socratique et le miel du christianisme à vivre enfin dans la température qui est la sienne, celle du froid hivernal. Ce bon usage de la glace, Nietzsche l'invente d'instinct dans les années 1878-1883, aidé par la maladie. Il comprendra en 1888 la signification exacte de son entreprise d'alors, ainsi qu'en témoignent ces quelques lignes d'*Ecce Homo* :

> « [...] l'idéal n'est pas réfuté, il gèle [...]. Ici, par exemple, le "génie" meurt de froid – un peu plus loin, c'est le "saint" qui est gelé ; le "héros" grelotte sous une épaisse calotte de glace ; à la fin, la "foi", la prétendue "conviction" est prise par les glaces et la "pitié" aussi se refroidit singulièrement – presque partout se congèle la "chose en soi"[2] [...]. »

---

1. F.p. 9 [15], in *Aurore, op. cit.*, p. 690. Sur cette étonnante image se rejoignent depuis deux siècles des esprits forts différents. En 1802, dans le quatrième tome de ses *Posthumes,* ouvrage qui nous peint l'avenir lointain de l'humanité, Restif de la Bretonne fait de son héros, Multipliandre, surhomme parcourant le système solaire, l'Astre Central du prochain Cycle du Monde. On pourra se contenter du bon résumé qu'en donne Pierre Versins dans son *Encyclopédie de l'Utopie et de la Science-fiction,* Éditions l'Âge d'Homme, Lausanne, 1972, p. 208 et 740 à 749. La métaphore nietzschéenne était réalité dans l'anticipation de l'écrivain français ; elle deviendra image cinématographique grâce au génie de Stanley Kubrick, dont le remarquable *2001 : A Space Odyssei* (1968), adapté d'une nouvelle d'Arthur C. Clarke (*The Sentinel*), s'achève sur l'énigmatique vision d'un « fœtus astral », astre-enfant lancé dans l'univers infini, promesse d'un nouveau cycle (cette image a fait couler beaucoup d'encre, un livre entier lui a même été consacré). Ni Clarke, auteur du scénario, ni Kubrick, ne connaissaient le fragment de Nietzsche cité ici. Mais les références à Nietzsche ne manquent pas dans ce film illustré musicalement par l'œuvre de Richard Strauss *Ainsi parlait Zarathoustra.* Le fragment que nous venons de citer est peut-être de nature à nous faire percevoir *2001* comme un film plus authentiquement nietzschéen que Clarke et Kubrick ne l'ont imaginé.
2. *Ecce Homo, op. cit.*, p. 297.

Valeurs artistiques, morales, religieuses ou politiques : aucune de nos croyances ne pourra plus nous réchauffer quand notre lucidité nous en révélera l'origine. En congelant nos valeurs, Nietzsche ne fait que précipiter une glaciation déjà à l'œuvre en nous la révélant. Congélation par la connaissance, zéro absolu pointé au thermomètre de celui qui a percé le secret des illusions « trop humaines », préfigurant le destin d'une humanité qui ne parviendrait plus à réchauffer d'une étoile dansante le monde congelé par son monstrueux savoir.

Si le nihilisme est bien le mouvement par lequel s'épuisent les valeurs les plus hautes, divers sont les chemins de cette dévalorisation. Deux de ces chemins, nous l'avons montré, sont prééminents : le premier, celui du froid de la Vérité, s'achève dans la glace du zéro absolu. Le second, celui de l'affaiblissement exprimé par le christianisme et ses avatars, trouve dans le sable sa métaphore la plus transparente. Congélation par la science, pulvérisation par la morale : sous l'apparence d'un double devenir, c'est bien la même mort qui guette une civilisation occidentale fascinée par l'anéantissement de ses valeurs. Innombrables sont les textes symétriques déployant ce double champ métaphorique : glace et disparition de l'homme, sable et fin de l'humanité. L'entropie culturelle déploie sur deux tableaux son œuvre de mort : pendant que la science égalise vers le bas les températures, la morale égalitariste arase insensiblement tous les reliefs qui donnaient vie au paysage humain. Au printemps 1880, Nietzsche rédige un texte filant la métaphore du sable de façon si définitive qu'on comprend mal pourquoi il ne l'a pas retenu dans ses publications :

> « Plus le sentiment de leur unité avec leurs semblables prend le dessus chez les hommes, plus ils s'uniformisent, plus ils vont ressentir rigoureusement toute différence comme immorale. Ainsi apparaît nécessairement le sable de l'humanité : tous très semblables, très

petits, très ronds, très conciliants, très ennuyeux. Jusqu'à présent ce sont le christianisme et la démocratie qui ont conduit l'humanité le plus loin sur la voie de cette métamorphose en sable[1]. »

Ainsi le « christianisme » de la science uni à la morale chrétienne égalitariste conduit-il l'humanité vers le sable absolu. Lorsque Nietzsche s'interroge plus concrètement sur les moteurs de cette transformation, il perçoit dans la « démocratie » et dans le « socialisme » les véhicules décisifs de l'uniformisation qui se déploie. « Démocratique » est cette sensation d'une unité et d'une égalité de tous les hommes, « démocratique » le fait d'être attentif à ce que les hommes ont en commun plutôt qu'à ce qui les différencie :

> « La religion aidant, cette religion qui fait siennes les ultimes aspirations du troupeau et les a flattées, les choses en sont venues au point que les institutions politiques et sociales expriment elles-mêmes cette morale d'une manière toujours plus évidente : le mouvement démocratique est l'héritier du mouvement chrétien[2]. »

Avant de saisir dans le mouvement démocratique en général un héritage du christianisme, Nietzsche avait souvent dénoncé la pointe la plus avancée de ce mouvement, celle qu'il nomme « socialisme ». « Socialisme » est, parmi les termes régulièrement utilisés par le philosophe, celui dont le sens a le moins varié des premiers écrits jusqu'aux derniers aphorismes. Il ne désigne jamais le seul mouvement ouvrier ou les courants politiques révolutionnaires, mais toujours une tendance qui affecte la totalité de notre civilisation, l'expression la plus achevée de la morale universelle que Nietzsche soumet alors à une généalogie dont il conservera jusqu'à la fin les principaux résultats :

---

1. F.p. 3 [98], in *Aurore, op. cit.*, p. 356.
2. *Par-delà Bien et Mal*, § 202, *op. cit.*, p. 114-115.

« Le socialisme se fonde sur la résolution de poser les hommes égaux et d'être juste envers chacun : c'est la suprême moralité[1]. »

Derrière les combats qui opposent les groupes révolutionnaires du XIXe siècle aux institutions religieuses, Nietzsche perçoit avec finesse la parenté profonde qui unit les combattants : se projetant dans le futur, il regarde l'idéologie socialisante avec la même ironie dont ses contemporains usent à l'égard des croyances religieuses archaïques, et découvre dans les deux fantasmagories la même origine réactive, le même égotisme anti-individualiste propre aux sociétés atomisées :

« Le phantasme politique qui me fait sourire autant que mes contemporains sourient des phantasmes religieux des temps primitifs, c'est avant tout la **sécularisation**, la croyance au **monde** et le fait d'exclure des consciences toute idée d'un "au-delà" et d'un "arrière-monde". Son but est le bien-être du FUGITIF individu : c'est pourquoi le socialisme en est le fruit, c'est-à-dire : les **fugitifs** INDIVIDUS veulent conquérir leur bonheur par la socialisation[2]. »

« Derniers hommes » : c'est le nom de baptême que recevront deux ans plus tard, dans *Ainsi parlait Zarathoustra*, les « fugitifs individus » ici dépeints. Derniers hommes sont les hommes qui ne rêvent plus, les hommes sans mythe, ceux qui ne croient plus en rien : triple absence symbolisée par le « clin d'œil » par lequel ils communiquent[3]. Monde du clin d'œil, monde du sourire dont

1. F.p. 21 [43], in *Humain, trop humain*, volume 1, *op. cit.*, p. 397.
2. F.p. 11 [163], in *Le Gai* Savoir, *op. cit.*, p. 373.
3. On aura bien sûr reconnu ici le prologue du *Zarathoustra*, dont le paragraphe 5 voit se répéter à quatre reprises, comme un refrain, la formule « et ils clignent de l'œil ». La métaphore du « clin d'œil » comme symbole de la faiblesse de la volonté, comme symbole de l'incapacité de l'homme à dépenser sa force autrement que dans des objectifs matérialistes liés à son bien-être, apparaît dans *Le Gai Savoir* au paragraphe 3 : « Aux gens vulgaires tous sentiments nobles, généreux, paraissent dénués d'utilité pratique et, pour cette raison, tout d'abord suspects : **ils clignent de l'œil** dès qu'ils en entendent parler » (*op. cit.*, p. 53.

notre paysage médiatique nous donne un terrible avant-goût. Tel est ce monde vu par Nietzsche-Zarathoustra :

> « Tout ronds, loyaux et complaisants, entre eux tels sont ces gens, comme des grains de sable ils sont avec des grains de sable, tout ronds loyaux et complaisants[1]. »

En laissant le froid de la science évoluer jusqu'à la glace, en abandonnant l'homme à la force uniformisante qui le conduit vers le désert, Nietzsche, bien entendu, n'a pas contemplé de l'extérieur un devenir auquel il serait étranger. Dès sa période positiviste, il a compris que la vision de l'avenir à laquelle il tendait exigeait de lui qu'il laissât se déchaîner en son propre corps les forces dont il voulait interpréter le sens et évaluer la nature. Mais ce qu'il avait accepté apparemment sans trop de réticence à propos de l'instinct théorique, il ne le reconnaîtra que tardivement et beaucoup plus difficilement en ce qui concerne la face pratique de l'instinct de décadence :

> « Fort bien ! Je suis tout autant que Wagner, un enfant de ce siècle, je veux dire un décadent, avec cette seule différence que, moi, je l'ai compris, j'y ai résisté de toutes mes forces. Le philosophe en moi y résistait. Ma préoccupation la plus intime a toujours été en fait le problème de la décadence[2]. »

C'est nous qui soulignons). Mais on peut remonter beaucoup plus avant dans le temps et découvrir en 1874, dans la deuxième *Inactuelle*, la métaphore du clin d'œil mise au service d'une dénonciation déjà fort proche de celle du *Zarathoustra*, puisque l'auteur y vitupère l'excès de savoir historique qui étouffe les élans et la volonté de l'adolescent : « Fuyant les horizons infinis, il se réfugie alors en lui-même, dans le domaine égoïste le plus exigu qui soit, et fatalement il s'y flétrit et s'y dessèche. Il parviendra probablement à la prudence, mais à la sagesse jamais [...] il ne se révolte pas, **il cligne de l'œil**... » (« De l'utilité et des inconvénients de l'histoire pour la vie », in *Considérations inactuelles I et II*, *op. cit.*, p. 160. Souligné par nous).

1. *Ainsi parlait Zarathoustra*, *op. cit.*, p. 190.
2. *Le Cas Wagner*, Avant-propos, *op. cit.*, p. 17 ; cf. *ibid.*, p. 28, 33, 40, 43, 50.

Le Nietzsche-savant a révélé au philosophe l'instinct qui anime la connaissance. Le Nietzsche-décadent lui a révélé « le plus inquiétant de tous les hôtes »[1], le nihilisme. C'est la stratégie du passage à la limite que Nietzsche déploie à partir du moment où il a acquis la certitude qu'aucune résistance ne sera plus jamais susceptible de freiner un déclin qui conclut logiquement non seulement le cheminement suivi par l'Occident depuis Socrate et Platon, mais peut-être l'évolution naturelle de toutes les espèces vivantes. Ne pas gaspiller ses forces dans un vain combat contre les puissances égalitaristes, mais côtoyer dès aujourd'hui les derniers hommes pour éveiller en soi le grand dégoût préludant à un nouveau désir. En un mot, accélérer le déclin, précipiter la chute en anticipant son aboutissement : telle est bien la stratégie qui s'élabore et dont les derniers écrits porteront l'empreinte parfois grimaçante.

1. F.p. 2 [127], in *O.C.*, tome XII, *Fragments posthumes automne 1885-automne 1887*, Paris, Gallimard, p. 129.

Scénario 4 :
Le futur artiste (ou la perspective du surhumain)

LE DESTIN DE L'OCCIDENT aura donc été de précipiter dans la glace et dans le sable une humanité qui commence à peine à entrevoir qu'une logique bio-culturelle de déclin guide ses pas, et à deviner qu'à l'issue de son étonnant périple elle rejoindra bientôt l'immense troupeau des espèces vivantes à jamais immobilisées. Mais tout en précipitant ce déclin, la civilisation occidentale a laissé émerger des individualités exceptionnelles qui sont autant de signes indiquant la proximité d'un autre chemin. Quelque chose en nous refuse la décadence vers laquelle tout nous conduit, quelque chose qui exige d'être interprété et qui est comme l'ombre portée d'un futur différent. Avant d'être un objectif (et peut-être, nous le verrons, serait-il contradictoire qu'il en soit un), le Surhomme représente, à l'heure du nihilisme qui s'achève, un changement de goût : changement de goût dont le *Gai Savoir* nous a appris qu'il était « plus important que celui des opinions », celles-ci n'étant rien d'autre « que les symptômes du goût qui change »[1]. « Surhomme » est moins le nom d'un hypothétique futur, que le déjà-là d'une transformation qui

1. *Le Gai Savoir*, § 39, *op. cit.*, p. 82.

ne peut advenir à la parole que parce qu'elle a commencé à accomplir son œuvre dans le silence qui sied à tous les grands événements.

§ 1 : L'évolutionnisme nietzschéen

Il nous faut commencer par expliciter ce qu'il en est de l'antidarwinisme de Nietzsche. Qu'est-ce que le darwinisme ? Rien d'autre qu'une « innovation hégélienne, qui la première introduisit la notion d'"évolution" dans les sciences »[1], note le *Gai Savoir*. Par son sens du devenir, Darwin apporte à la pensée moderne une ouverture temporelle et des intuitions irremplaçables. Mais par son hégélianisme, il contribue à occulter ce qu'il apporte d'essentiel. Nietzsche est antidarwinien parce que tous les chemins dans lesquels il s'est engagé l'ont conduit à la même certitude : c'est le faible, et non le fort, qui est sélectionné ; c'est vers l'égalisation, et non vers la différenciation et l'élévation, que conduit aveuglément le jeu des forces biologiques et culturelles, ainsi que l'indique avec une particulière clarté *Le Crépuscule des Idoles* :

> « Et même en admettant que cette lutte ait bien lieu – de fait elle a parfois lieu – son issue est contraire à celle que souhaite l'école de Darwin, et que l'on devrait peut-être souhaiter avec elle : elle se termine au détriment des forts, des privilégiés, des heureuses exceptions ! Ce n'est pas en perfection que croissent les espèces. **Les faibles l'emportent de plus en plus sur les forts**[2]. »

1. *Le Gai Savoir*, § 357, *op. cit.*, p. 259.
2. *Le Crépuscule des Idoles*, « Divagations d'un Inactuel », § 14, *op. cit.*, p. 116 (c'est nous qui soulignons). Paragraphe intitulé précisément « Anti-Darwin ». Sur la question précise de la lutte, Nietzsche a incontestablement été plus darwinien dans ses premiers écrits. L'apologie des luttes que la civilisation hellénique avait multipliées entre les meilleurs de ses membres, joutes poétiques, sportives,

La philosophie hégélienne de l'histoire s'avouait théodicée, tandis que l'évolutionnisme darwinien habille un providentialisme archaïque aux couleurs du discours objectif. En dédivinisant la nature, comme nous y invitait l'auteur du *Gai Savoir*, on ne peut aboutir qu'à une conception antidarwinienne, à la « conviction que l'humanité n'est pas d'elle-même sur la bonne voie »[1]. La sélection des faibles, c'est-à-dire des médiocres, est la loi, mais cette loi n'a jamais cessé d'être bafouée par des exceptions sans lesquelles la vie aurait probablement répété depuis des milliards d'années la monotone partition originaire des êtres monocellulaires. Faibles sont les médiocres que la vie sélectionne, tandis que les forts sont « ceux qui sauront résister aux lois de l'espèce sans pour autant périr »[2].

Malgré cette conviction antidarwinienne, un fait s'impose à Nietzsche, qui continue à s'imposer à la biologie de notre temps : l'orientation de l'évolution. « L'évolution est orientée en ce sens qu'on n'a jamais vu un batracien redevenir un poisson, un oiseau ou un mammifère redevenir des reptiles », nous rappelle, avec la simplicité propre aux vulgarisations réussies,

---

philosophiques, telle que nous la trouvons en particulier dans la cinquième des *Cinq préfaces à cinq livres qui n'ont pas été écrits* qui s'intitule *La Joute chez Homère* (*Écrits posthumes 1870-1873*, *op. cit.*, p. 192-200), a des accents darwiniens. Ce serait l'objet d'une autre étude que de suivre les ruptures et les renversements qui mèneront le philosophe de ce point de départ darwinien au texte du *Crépuscule des Idoles* cité ici. Retenons simplement que Nietzsche ne connaît qu'imparfaitement les théories darwiniennes en 1872, et qu'une meilleure connaissance de ces théories d'une part (en particulier grâce aux conversations qu'il eût avec le professeur Rütimeyer : voir à ce sujet *Nietzsche, sa vie et sa pensée*, de Charles Andler, tome I, *op. cit.*, p. 467-475), d'autre part et surtout la relation de plus en plus nette qu'il établira entre l'uniformisation culturelle et le jeu des forces biologiques, l'éloigneront toujours davantage des idées de Darwin.

1. *Ecce Homo*, *op. cit.*, p. 303.
2. F.p. 11 [126], in *Le Gai Savoir*, *op. cit.*, p. 356.

Rémy Chauvin dans *La Biologie de l'esprit*[1]. Une dualité de la vie s'impose donc au regard de celui qui considère dans toute son étendue le panorama de l'aventure biologique : sclérose, immobilité, fixité au niveau des espèces particulières, y compris des espèces affectées par un grand nombre de mutations (la mouche drosophile, insecte préféré des généticiens en raison de la fréquence de ses mutations, n'a pas changé depuis cinquante millions d'années), mobilité ascendante au niveau de la vie tout entière qui suit indiscutablement un chemin non réversible caractérisé par des acquisitions observables et quantifiables. Le fait de l'orientation de la vie semble réfuter définitivement le postulat nietzschéen d'une sélection des faibles. N'est-ce pas par un retour à Darwin que l'auteur du *Zarathoustra* chante la vie comme volonté de dépassement, de différenciation, comme ascension vers le Surhumain ?

En réalité le *Zarathoustra* ne marque pas le moindre retour au darwinisme. D'une part, Nietzsche ne cesse à aucun moment d'affirmer la sélection des faibles : si les parties critiques de ce livre, qui se veut fondamentalement positif, sont aussi nombreuses, c'est parce que l'auteur continue à voir dans le « dernier homme » l'aboutissement logique du processus biologique universel. Sans doute le hasard du jeu biologique a-t-il jusqu'à présent permis aux émergences a-normales de contrecarrer la puissance uniformisante, laissant ainsi un jeu dominé par la sélection des plus faibles prendre l'improbable figure d'une orientation ascendante. Mais, nulle providence ne conduisant le bal, rien ne garantit la durée du jeu : en l'homme, dernier stade de l'évolution, le philosophe devine avec angoisse la possibilité de la fin du jeu, la probabilité d'un arrêt de l'évolution, le triomphe de la règle sur l'exception.

1. Rémy Chauvin, *La Biologie de l'esprit*, Monaco, Éditions du Rocher, 1985, p. 20.

Le sens de la vie n'est rien d'autre que la vie du sens, la force de signifier un chemin que la mort de Dieu, y compris sous la modalité de ses dernières ombres, a transformé en une probable impasse. C'est pourquoi, à l'optimisme darwinien, s'oppose le « pessimisme dionysiaque »[1], dont l'oracle Nietzsche pressent qu'il sera l'une des caractéristiques des temps futurs. C'est pourquoi encore, loin de représenter une quelconque fin de l'évolution, le Surhomme n'est rien d'autre qu'un sens, que la visée indéterminée et indéterminable d'une continuation du jeu voulue par l'homme au moment même où le jeu menace de s'immobiliser définitivement. Dès 1880, un des plus beaux paragraphes d'*Aurore*, le dernier, intitulé « Nous autres aéronautes de l'esprit » (§ 575), trace la direction qui recevra bientôt le nom de Surhumain. « D'autres oiseaux voleront plus loin ! »[2], écrit Nietzsche : faut-il absolument imaginer une Inde comme terme de ce voyage, un au-delà des mers ? Ou « échouer devant l'infini » ? L'expression qui achève l'aphorisme et l'ouvrage tout entier, « ou bien ? », semble indiquer qu'une troisième hypothèse est dès ce moment envisagée par le philosophe. Et le *Zarathoustra* présente-t-il en effet en l'une quelconque de ses pages le Surhomme comme l'achèvement de l'aventure ? Assurément pas. Quant aux derniers écrits, ils nous rappelleront, comme le fait *La Généalogie de la Morale* en sa troisième dissertation, que l'animal humain est un être « éternellement à venir »[3], formule qui rassemble avec une étonnante vigueur la volonté d'une poursuite de l'évolution symbolisée par le Surhumain et la possibilité constante d'un échec de l'aventure biologique.

1. *Le Gai Savoir*, § 370, *op. cit.*, p. 280.
2. *Aurore*, § 575, *op. cit.*, p. 289.
3. *La Généalogie de la morale*, *op. cit.*, p. 311.

§ 2 : L'avenir désenchaîné

En libérant en arrière de nous l'immensité de la préhistoire et des temps archaïques, la science moderne, et le darwinisme en particulier, ouvrent symétriquement le futur et offrent ainsi un nouvel espace à la pensée et à l'imaginaire. Si quelques milliards d'années ont pu conduire de l'être monocellulaire originaire à l'animal humain, comment ne pas projeter en avant de nous une évolution équivalente ? Comment ne pas rêver d'un être à partir duquel un regard en arrière jeté sur l'homme actuel déclencherait irrésistiblement « un éclat de rire ou une honte qui fait mal »[1] ? L'acquis ineffaçable du positivisme des années 1876-1880 a bien été cette réouverture de l'avenir, cette nouvelle dimension temporelle, liée à une métamorphose de l'esprit occidental, qui fait éclater tous les cadres à l'intérieur desquels le platono-christianisme avait dessiné ses mirages. Grâce à la science, « le monde [...] nous est redevenu "infini" une fois de plus »[2]. Elle nous offre une nouvelle temporalité, elle ouvre un panorama grandiose propre à arracher l'individu atomisé aux territoires étriqués dans lesquels l'emprisonne au même moment la culture déchristianisée de l'âge scientifique. Qu'est-ce, sinon la science, qui a permis à Nietzsche lui-même d'« acquérir un regard qui embrasse des millénaires »[3] ?

Mais un temps immense sépare le troisième scénario que nous avons décrypté, celui du moment nihiliste de notre évolution, et le quatrième scénario, celui du Surhumain, être métamorphosé qui seul peut retrouver une puissance créatrice dans le cadre de ce

1. *Ainsi parlait Zarathoustra*, prologue, *op. cit.*, p. 24.
2. *Le Gai Savoir*, § 374, *op. cit.*, p. 284. Aucune distance ne sépare sur ce plan le texte du *Gai Savoir* que nous citons ici des tout premiers écrits, tel *Le Livre du Philosophe* (par exemple § 120, *op. cit.*, p. 119, ou § 123, p. 121).
3. *Ibid.*, § 380, *op. cit.*, p. 289.

nouvel infini. À la théorie évolutionniste que nous avons résumée s'adjoint donc un évolutionnisme culturel, une prospective culturelle dont on ne trouve nulle part chez notre auteur la formulation achevée, mais qui nous semble constituer, dans ses diverses esquisses, la véritable clef d'une interprétation rigoureuse de la notion de Surhumain. Monde archaïque, monde scientifique, monde post-scientifique, ainsi pourraient être dénommés les trois moments de l'évolution culturelle de l'humanité telle que la dessine le philosophe : arraché à ce tableau, le Surhomme se voit ou bien réduit aux fantasmes de la science-fiction, ou bien confondu comme l'a fait Heidegger avec les maîtres de la Terre.

Le monde archaïque, cette longue préhistoire que Nietzsche recommande aux philosophes à venir de réintroduire dans leur pensée, fut le temps de l'invention du monde, le temps des projections qui se sont déposées dans les concepts et dans les mots, Nietzsche se refusant à séparer les uns et les autres : tout était déjà dit sur ce point dans l'essai de 1873, *Vérité et mensonge au sens extra-moral.* « Multitude mouvante de métaphores, de métonymies, d'anthropomorphismes », les projections de l'homme archaïque, diverses selon les groupes humains, ont été réunies par les forces uniformisantes de l'histoire en un « ciel conceptuel » bientôt quasiment identique pour tous les hommes de la planète, malgré des résidus différentiels non négligeables[1]. « Résultat d'une foule d'erreurs et de fantasmes », le monde perçu est ainsi le « trésor »[2] hérité du travail créateur des hommes archaïques. Inscrit et transmis à travers les mots, comme à travers tous les objets culturels qui

1. Nous citons ici quelques formules de *Vérité et mensonge au sens extra-moral*, in *Écrits posthumes 1870-1873*, *op. cit.*, p. 282 et 283.

2. *Humain, trop humain*, § 16, volume 1, *op. cit.*, p. 35. Les traducteurs de Nietzsche orthographient le plus souvent « phantasme » avec « ph » en s'inspirant de l'étymologie grecque. L'usage a pourtant préféré l'orthographe « fantasme » avec un « f », usage respecté ici par Robert Rovini, le traducteur d'*Humain, trop humain* chez Gallimard.

nous entourent, le « langage-monde » que l'homme actuel perçoit comme réalité objective est l'héritage des temps archaïques.

Cet héritage est doublement ébranlé par la science moderne. D'abord en ce que la science détruit l'ensemble des illusions archaïques. Une telle destruction ne va pas sans désarroi, elle est même l'un des facteurs décisifs de la crise de la conscience moderne. Mais si l'homme a la force de surmonter son égarement, cette destruction peut s'avérer tout à fait positive. En se réappropriant ce qu'il avait d'abord projeté dans les choses, l'homme de l'âge scientifique s'enrichit : l'illusion est **notre** illusion, le fantasme **notre** création. Ce que le monde perd, l'être humain est susceptible de le gagner, à condition d'une part de pouvoir se déprendre d'un monde qu'il sait à présent fantasmatique, et d'autre part de ne pas s'immobiliser dans un travail critique qui n'a de sens que comme transition vers une nouvelle période créatrice. Un paragraphe d'*Aurore* pointe parfaitement ces deux conditions et ce qu'elles mettent en jeu :

> « Nous avons repris leurs prédicats aux choses, ou du moins nous nous sommes souvenus que nous les leur avions prêtés : veillons à ce que cette constatation ne nous fasse pas perdre la faculté de prêter, veillons à ne pas devenir à la fois plus riches et plus avares[1]. »

Ainsi, en même temps qu'il déconstruit l'œuvre produite dans les temps archaïques, l'homme de l'âge scientifique découvre la puissance créatrice qui a été à l'origine de cette fantasmagorie. *Ecce Homo* nous le rappelle une dernière fois, l'esprit libre est celui qui a reconduit le monde idéal aux « bien trop humaines » illusions de l'animal archaïque, il est « l'esprit qui a repris possession de lui-même »[2]. Mais la science ouvre une seconde brèche, plus radicale encore, dans la forteresse archaïque. Elle procède à de nouvelles

1. *Aurore*, § 210, *op. cit.*, p. 169-170.
2. *Ecce Homo*, *op. cit.*, p. 296.

projections, elle engendre insensiblement, sans que nous en soyons toujours conscients, un nouveau monde qui ne remplace pas l'ancien mais se juxtapose à lui. Sans prétendre anticiper sur ce que sera cet édifice, Nietzsche en indique quelques piliers que l'état actuel de la science permet d'ores et déjà d'entrevoir : pilier de l'amoralité, la science construisant une image du monde « au-delà du Bien et du Mal », pilier de l'innocence, l'abandon des perspectives religieuses et métaphysiques obligeant l'esprit humain à renoncer à tous les finalismes. Monde terrifiant à bien des égards, ce monde engendré par la science n'est pas encore l'univers du Surhomme, mais l'étape qui le précède immédiatement : monde de l'esprit libre, monde d'un esprit dont la philosophie est « la philosophie d'avant Midi »[1]. Une question s'impose alors : si ce monde des libres esprits est encore inimaginable aujourd'hui, que peut valoir la folle tentative de franchir les frontières de ce qui sera un jour le monde issu des projections scientifiques, afin d'annoncer une troisième configuration : le monde du Surhumain ?

La réponse à ces questions se trouve partiellement contenue dans notre analyse des intuitions apocalyptiques de Nietzsche. Si la science est abandonnée à son propre destin, les instincts destructeurs qui s'expriment à travers elle conduiront l'homme savant vers la glace, et l'esprit libre deviendra le revers du « dernier homme » dont l'avers sera l'individu-grain de sable. Pour échapper à cet hiver de l'histoire, pour que s'ouvre une brèche « au-delà de la glace »[2], il faut supposer d'une part que, parmi le faisceau d'instincts qui anime la science, certaines forces actives et créatrices sont à l'œuvre (ce qui a été démontré dans les écrits de la période positiviste), d'autre part et surtout que l'esprit humain aura la capacité de se réapproprier les projections dues à

1. *Humain, trop humain*, § 638, *op. cit.*, p. 306. Il s'agit des derniers mots du dernier paragraphe d'*Humain, trop humain*.
2. *L'Antéchrist*, Avant-propos, § 1, *O.C.*, tome VIII, Paris, Gallimard, 1974, p. 161.

la pensée scientifique comme l'homme de l'âge scientifique a su se réapproprier les projections archaïques.

L'esprit libéré par la science trouve devant lui deux éventualités : la première consisterait à laisser coexister en étrangères l'ancienne image du monde produite par l'homme archaïque, et l'image du monde issue de la pensée scientifique, ce qui revient à accepter une schizophrénie sans doute mortelle à plus ou moins longue échéance[1] ; la seconde reviendrait à parier sur l'intégration du savoir scientifique, sur la substitution radicale de la nouvelle image du monde à l'imagerie préscientifique. Une première définition du Surhomme consisterait en ce sens à en faire l'individu de la troisième ère de notre histoire culturelle : au-delà de l'homme se trouvera l'être qui aura surmonté la claudication de l'individu moderne dont la marche hésitante, un pied dans l'archaïque, un pied dans la science, lui donne l'allure déséquilibrée du danseur de corde enterré par Zarathoustra. Aussi folle qu'apparaisse la prétention d'entrevoir, alors même que nous vivons les débuts de l'âge scientifique, ce que pourrait être une ère post-scientifique, Nietzsche, répétons-le, est condamné à cette volonté visionnaire à partir du moment où il a compris que ne pouvait être que barbare un effondrement de la pensée rationnelle, et où il a parié que la mort de Dieu pouvait ne pas être la mort de l'homme. Le *Gai Savoir* contient les affirmations les plus nettes de la nécessité de cette longue assimilation de la science ; par exemple celle-ci :

> « **S'assimiler le savoir**, se le rendre instinctif, voilà qui constitue une **tâche** absolument nouvelle, à peine discernable, dont le regard humain devine tout juste la lueur[2]. »

1. Schizophrénie dénoncée au XXe siècle par Jacques Monod, dans *Le Hasard et la nécessité*, particulièrement dans le chapitre IX, « Le Royaume et les ténèbres », Paris, Le Seuil, 1970, p. 177-195.
2. *Le Gai Savoir*, § 11, *op. cit.*, p. 61. Cf. également sur ce thème les paragraphes 54, 57, 109, 110, 111, 112, 152, 300, 335 et 337 du même ouvrage.

Une fois assimilée la vision scientifique du réel, ce qui occupera une très longue période, l'individu de l'ère post-scientifique ne pourra survivre que s'il redevient capable de nouvelles projections, que si le « monde » perçu par un cerveau en lequel seront devenues instinctives les images nées du savoir objectif n'est pas simple tableau contemplé passivement, mais théâtre pour un nouveau jeu. Si l'âge scientifique peut être successivement réappropriation des illusions archaïques et jaillissement de nouvelles images, pourquoi ne pas prêter à l'ère post-scientifique un déroulement analogue, réappropriation des images de la science d'abord, puis formation de nouvelles projections ? Si l'on veut maintenir ensemble, autrement que comme les deux intuitions irréconciliables d'un esprit aliéné, la certitude du caractère mortifère de la science et l'annonce d'un être supérieur ayant assimilé physiquement le savoir, il n'est pas d'autre voie que celle que nous traçons. Les formules non publiées de 1881, sont, une fois de plus, capitales, et beaucoup plus nettes que les textes édités du vivant de l'auteur ; l'une d'entre elles, en particulier, mérite d'être ici retenue :

> « Il faut que soit d'abord construit le bastion de la science et de son universalité rationnelle, ensuite le **déchaînement** des individus pourra se produire [...] **D'abord** incorporation de la science – ensuite[1]... »

Nietzsche sera-t-il capable, après 1881, de remplir le vide qu'occupent ici quelques points de suspension ? Nous nous trouvons évidemment à la limite extrême du dicible, et seule la parole poétique pourra se substituer à ces points de suspension sans qu'on puisse repérer la présence dans l'œuvre nietzschéenne d'une conceptualisation de ce qui pourrait succéder à l'assimilation du savoir.

---

1. F.p. 12 [40], in *Le Gai Savoir, op. cit.*, p. 451 (fragment de l'automne 1881).

§ 3 : Un mythe ouvert

Mais s'il est vrai que c'est « grâce à ses erreurs [que] l'humanité s'est élevée très haut et s'est constamment "surpassée elle-même"... », comme l'écrit l'auteur d'*Aurore*[1], s'il est vrai que ce sont ses illusions, et en particulier ses illusions religieuses et métaphysiques, qui ont conduit jusqu'à présent l'humanité sur le chemin ascendant du dépassement de soi, de quelle créativité peut encore disposer un être lucide réveillé par la science ? Le défi lancé à une humanité savante semble impossible à relever si l'on s'enferme dans l'antinomie qui oppose l'esprit libéré de toute illusion à l'« animal qui vénère »[2], l'homme archaïque à l'esprit libre. Mais dichotomies et antinomies ne sont-elles pas, depuis Zénon d'Élée, la mauvaise façon d'interroger, le plus sûr moyen de nier l'évidence du mouvement ? Si le Surhomme est bien le mythe de l'humanité scientifique, il échappe doublement à nos catégories logiques. Du côté de son origine tout d'abord, puisque le Surhomme révèle la présence au fond de nos cerveaux d'un instinct qui non seulement n'a pas été anéanti par la science, mais qui a été en quelque sorte réveillé par elle. Instinct qui n'est ni biologique, puisque la vie tend au contraire à sélectionner les faibles, ni mythologique, puisque l'image du Surhomme ne relève pas d'une croyance ou d'une vérité quelle qu'elle soit. Le caractère paradoxal de ce mythe pour esprit libre se retourne ainsi en indice d'authenticité : que l'image du Surhomme puisse s'imposer à une humanité sans croyances et ordonner son vouloir, c'est peut-être le signe qu'au-delà des illusions archaïques et des vérités scientifiques un troisième type d'objet mental peut surgir du chaos non

1. *Aurore*, § 425, « Nous autres dieux en exil », *op. cit.*, p. 230.
2. *Le Gai Savoir*, § 346, *op. cit.*, p. 243.

encore organisé par notre histoire naturelle et culturelle. *Par-delà Bien et Mal* nous apporte à ce sujet un éclairage essentiel :

> « Ce que nous vivons en rêve, à condition que le rêve se répète souvent, finit par appartenir à l'économie générale de notre âme aussi bien que n'importe quel événement "réellement" vécu : nous en sommes enrichis ou appauvris[1]. »

Sans qu'il soit explicitement question du Surhomme dans cet aphorisme, Nietzsche l'ayant rayé de sa pensée en 1886, nous ne pouvons que mettre cette réflexion au service du mythe proféré par Zarathoustra. Le rêve du Surhomme est propre à transformer l'homme sans que nous puissions comprendre par quelles voies procède cette transformation, et alors même que toute notre logique rejette comme épiphénomène inefficient une image à laquelle nous ne croyons pas. Autrement dit, nul ne peut savoir aujourd'hui quel rôle jouera le mythe du Surhomme et quelles variations il subira. La généalogie nietzschéenne a souvent mis en évidence l'origine irrationnelle de la science moderne ; « les magiciens, les alchimistes, les astrologues, les sorcières »[2] ont semé les graines d'où allait naître la pensée scientifique ; sans leurs rêves, sans leur illusion de puissance, sans leur folle prétention à connaître et à dominer le fond de choses, le savoir objectif n'aurait peut-être jamais pris son essor. Sur ce modèle, ne peut-on penser que le mythe du Surhomme, engendré par l'individu scientifique, jouera, dans la marche vers ce que nous avons nommé l'ère post-scientifique, une fonction analogue quoiqu'encore inimaginable ? Qu'il aboutira à une réalité

1. *Par-delà Bien et Mal*, § 193, *op. cit.*, p. 106.
2. *Le Gai Savoir*, § 300, p. 204. Ce très beau paragraphe, intitulé « Préludes de la science », ouvre la voie d'une épistémologie trop longtemps refoulée par l'obsession bachelardienne ou althussérienne des coupures, des ruptures et des cassures. Dans cette voie se sont engagés depuis quelques années de nouveaux épistémologues qui confirment tout à fait la certitude nietzschéenne d'une fonction capitale des « promesses et des mirages » du Moyen Âge dans la préparation des bouleversements de la Renaissance.

aussi impensable pour nous que pour les alchimistes et les sorcières du Moyen-Âge la pharmacopée et les technologies dont ils sont pourtant les lointains annonciateurs ? Nous touchons ici à l'aspect le plus original de la pensée nietzschéenne.

Tous les grands penseurs occidentaux ont posé l'existence d'un impensable à la limite de leur effort de rationalisation : anhypothétique platonicien, première cause aristotélicienne, troisième genre de connaissance spinoziste, etc. Mais Nietzsche nous semble le seul philosophe à avoir ancré l'impensable au cœur même de sa pensée. Croyance impossible, objectif qu'on ne peut vouloir, mythe auquel on ne croit pas : le Surhumain, nous contraint, comme il a contraint l'auteur du *Zarathoustra,* à affronter, au centre même de la méditation à laquelle on ne saurait se dérober, l'énigme de l'inimpensable impensable.

L'image du Surhumain est donc tout à la fois indéfinissable et définissable. En un sens, elle est et elle doit rester « ouverte » : s'il s'agissait en effet de substituer au Dieu unique du christianisme un unique modèle humain, la mort de Dieu s'avérerait plus mutilante et uniformisante que tout le monothéisme ; le Surhomme marquerait une étape supplémentaire sur la route conduisant à l'uniformisation absolue du genre humain. Nietzsche est on ne peut plus conscient de ce risque, et Zarathoustra multiplie les mises en garde : la fonction du mythe est de rouvrir le champ du possible fermé par l'évolution bio-culturelle de l'humanité. Antimonothéisme et antidarwinisme se rejoignent ici dans la dénonciation d'un péril majeur, celui d'une immobilisation de l'espèce humaine rejoignant le lot des espèces animales qui « toutes croient à un animal normal unique et à un idéal de leur espèce »[1].

1. *Le Gai Savoir,* § 143, *op. cit.,* p. 159. Ce paragraphe intitulé « De la plus grande utilité du polythéisme », déjà cité par nous, est essentiel pour comprendre le sens exact de la position nietzschéenne à l'égard de la religion, comme pour éviter les contresens fréquemment commis sur la notion de Surhumain.

En un autre sens pourtant, l'image du Surhomme est susceptible d'être définie : aussi lointaines que soient les formes de vie dont elle est la promesse, l'esquisse dessinée par Nietzsche comporte certains traits ineffaçables. Quatre de ces traits nous apparaissent fondamentaux : le Surhomme sera un individu, il sera créateur, re-naturalisé, et réconcilié avec la mort.

Un individu en premier lieu. Le prophète du Surhumain est en effet persuadé que plus rien de vraiment original ne saurait être attendu des ethnies ou des peuples de la planète, même si tout n'est pas définitivement joué sur la scène de l'histoire. C'est l'individu qui contient à présent les plus grandes potentialités, c'est à travers les géniales préfigurations des individus grecs et des individus de la Renaissance que se laisse entrevoir une ère post-scientifique qui sera également, si l'on réduit la politique à l'État, une ère post-politique. « Trouver le surorganique » : c'est le programme que se donne Nietzsche en 1882 en annotant les œuvres d'Emerson. Dans le vocabulaire nietzschéen de cette période, « organisme » désigne, en un sens quasiment hégélien, l'intégration, par un vivant unique, de capacités auparavant dispersées chez des êtres plus simples.

> « Le plus simple organisme est le seul parfait – tous ceux plus complexes sont défectueux et d'innombrables du genre supérieur périssent. Les groupements grégaires et les États sont les organismes les plus élevés que nous connaissions – au demeurant fort imparfaits. Enfin derrière l'État, naît l'individu humain – le plus élevé et le moins accompli de tous les êtres[1]. »

Que veut dire ici « plus élevé » ? En quoi l'individu véritable se situera-t-il par-delà l'État ? Dans la mesure où il sera plus autonome et plus inventif que lui. Le Surhomme, accomplissant les simples ébauches que sont les grands individus de l'histoire,

---

1. F.p. 12 [163], in *Le Gai Savoir, op. cit.*, p. 472.

sera le créateur de ses propres règles, l'être le plus autonome qu'on puisse imaginer. Autonomie propre à ceux que le *Gai Savoir* appelait, antérieurement à la prophétie de Zarathoustra, « les nouveaux, les uniques, les incomparables, ceux qui sont leurs propres législateurs, ceux qui sont leurs propres créateurs »[1].

Mais cette autonomie n'a pas pour condition nécessaire la rupture du lien social : nous touchons là la seconde erreur qui nous empêche de considérer l'individu véritable comme un être postérieur et supérieur à la société. Héritiers du matérialisme dialectique, nous confondons le plus souvent condition nécessaire et détermination : que le Surhomme puisse avoir pour condition nécessaire l'existence d'un État organisé, Nietzsche ne l'a jamais nié ; mais cet État ne détermine en rien le contenu de son existence. Reconnaissons que le schéma marxiste d'un déterminisme des contenus idéologiques par les forces productives et les rapports de production est un postulat qui n'a pas reçu jusqu'à ce jour le moindre début de vérification[2]. Si donc nous nous délivrons d'un marxisme latent auquel ont sacrifié sans le savoir la majorité des

1. *Le Gai Savoir*, § 335, *op. cit.*, p. 226.
2. La promesse marxienne d'une démonstration du lien entre base productive et superstructures, non seulement n'a pas été tenue sur le plan des contenus idéologiques, mais ne l'a pas même été sur le plan des structures politiques. *L'Idéologie allemande* énonçait un impératif : « **Il faut** que, dans chaque cas particulier, l'observation empirique montre dans les faits, et sans aucune spéculation ni mystification, le lien entre la structure sociale et politique et la production » (Paris, Éditions sociales, Classiques du Marxisme, 1974, p. 49). Un siècle plus tard, un penseur aussi profondément marqué par le marxisme que Régis Debray est contraint de reconnaître que ce ne sont pas les forces productives, mais « les représentations théologiques des anciens Mexicains » qui expliquent par exemple l'effondrement de l'Empire Aztèque défait « par cinq cent huit soldats espagnols et dix-huit chevaux ». Et il ajoute : « L'équivalence spontanément posée du symbolique et de l'inefficace dément les résultats les plus constants de l'histoire des religions et de l'histoire tout court, où la dissociation de la chose et de son signe, de la réalité et de sa représentation, du faire et du dire, n'a de toute évidence pas cours » (*Critique de la Raison Politique*, Paris, Gallimard, 1981, p. 133 et p. 149-150).

penseurs de notre temps, rien ne peut plus nous choquer dans l'hypothèse nietzschéenne d'un Surhomme absolument autonome en dépit de la dépendance matérielle qui continuera à être la sienne à l'égard d'une société organisée. Société organisée dont Nietzsche pense, à tort ou à raison, qu'elle n'a pas à mobiliser la pensée ou l'inquiétude des philosophes tant les forces uniformisantes qui la cimentent sont puissantes et indestructibles.

En second lieu, le Surhomme est un individu créateur, un « artiste ». En dotant de génie artistique le Surhomme, l'auteur du *Zarathoustra* reste fidèle aux caractères les plus profonds de sa philosophie. La naissance de formes nouvelles lui est toujours apparue comme miraculeuse, et c'est en cela que Nietzsche est peut-être le dernier des présocratiques. Qu'il s'agisse du surgissement de formes naturelles à partir du Chaos initial et malgré la corruption qui désagrège tout ce qui vient, des créations culturelles collectives qui transcendent l'unité biologique de l'espèce, des créations des individus d'exception alors même que l'uniformisation atteint son paroxysme, c'est toujours esthétiquement que le monde, des premiers essais aux derniers aphorismes, trouve sa seule et unique justification. Un second paramètre hellénique de la philosophie nietzschéenne est la conviction qu'à la limite supérieure de la beauté formelle se trouve l'homme lui-même, l'homme qui, d'artiste, peut devenir « œuvre d'art »[1]. La conviction, peut-être en partie hégélienne, que la distance entre l'artiste et l'œuvre est un indice d'imperfection ; ou plutôt, ce qui est plus original, que cette distance n'existe qu'aux yeux du spectateur qui, contemplant l'œuvre, ne peut voir l'essentiel, c'est-à-dire l'artiste se créant

1. Ces mots du premier paragraphe de *La Naissance de la tragédie* : « L'homme n'est plus artiste, il est devenu œuvre d'art » (*La Naissance de la tragédie, op. cit.*, p. 45), qui s'appliquaient aux disciples de Dionysos, aux individus du chœur bachique, n'ont jamais quitté la pensée du philosophe, et sont comme un leitmotiv dont il modulera jusqu'en 1888 les variations.

lui-même. *Aurore* nous donne l'une des plus belles expressions de cette conviction qui aboutira à l'idée du Surhomme comme artiste se créant lui-même en tant qu'œuvre d'art :

> « Ce qu'il y a de plus beau se passe peut-être encore dans l'obscurité [...] je veux dire le spectacle de la force qu'un génie applique non à des œuvres mais **à soi-même en tant qu'œuvre** [...]. Le grand homme reste toujours invisible, comme un astre trop lointain [...] sa victoire sur la force reste sans témoin[1]. »

En définissant le Surhomme comme artiste se créant lui-même, Nietzsche fait de lui un être plus féminin que la femme elle-même, une procréatrice dont l'enfant n'aurait pas à venir au monde : artiste créant une œuvre, femme procréant un enfant, Surhomme se créant lui-même, constitueraient ainsi les trois degrés d'une féminité allant vers sa perfection. Fantasme d'androgynie ? Peut-être. Mais l'enjeu est capital. Dans la distance qui sépare l'artiste de son œuvre, la femme de son enfant, se glisse en effet le ressentiment, s'insinue la haine à l'égard du monde et à l'égard du temps. S'il n'est pas d'engendrement sans haine, comment ne pas rêver d'une procréation plus féminine que l'enfantement, celle du Surhomme se créant lui-même ? Et si cette procréation n'est qu'utopie, ne faudra-t-il pas ouvrir une autre voie que celle du Surhumain pour qu'une pensée pleinement affirmative puisse se déployer ?

Le troisième trait ineffaçable du Surhumain est sa « re-naturalisation », ce qui signifie deux choses : d'une part, qu'après une longue période durant laquelle l'être humain a cru s'éloigner de la nature ou s'opposer à elle, il retrouvera un sentiment cosmique qui le réconciliera avec l'univers ; d'autre part, que la conscience, qui nous donne l'impression d'être

1. *Aurore,* § 548, *op. cit.*, p. 279 (c'est nous qui soulignons) ; cf. *Par-delà Bien et Mal,* § 212, *op. cit.*, p. 143.

face au monde, n'est qu'une étape de notre évolution, et que le Surhomme atteindra une « innocence » ou non-conscience qui redonnera à celui qui en bénéficiera une plénitude aujourd'hui difficilement concevable. Pour comprendre ces deux aspects, il nous faut rappeler très rapidement certains points fondamentaux de la théorie nietzschéenne de la conscience. Dernier stade de l'évolution organique, la conscience n'est que l'ultime écho de modifications déjà accomplies. En arrière de soi, elle signifie l'unité déjà accomplie de l'organisme. Mais en avant de soi, elle témoigne d'une intention d'incorporation à un tout plus vaste. Une énigme nous attend alors : à quel organisme supérieur la conscience individuelle veut-elle nous incorporer ? Si l'incorporation de l'atome humain au groupe est depuis longtemps effectuée, si la naissance d'une humanité planétaire n'est que l'élargissement et l'accomplissement des forces grégaires en action depuis l'origine de l'histoire, bref si nous avons raison de supposer que l'individu véritable est pour le philosophe une réalité postérieure et supérieure au groupe quelle que soit la taille de ce groupe, ce n'est pas avec d'autres atomes que la conscience individuelle veut fusionner, mais avec la nature. Alors que la conscience naïve nous éloigne de la nature par ses fantasmagories idéalistes, l'hyperconscience des libres esprits, en se réappropriant les projections archaïques et en dé-divinisant la nature, contribue déjà à replonger l'individu dans l'univers, à re-naturaliser l'homme. À condition, faut-il le rappeler, que l'esprit libre échappe au devenir-glace, s'affranchisse de l'instinct de mort qui le conduit, et sache, comme nous l'avons montré précédemment, se réapproprier aussi les projections de la science pour en faire le décor d'un nouveau jeu. *Par-delà Bien et Mal* ne marque sur ce point aucune rupture avec le *Zarathoustra,* mais simplement le passage d'une certitude enthousiaste à une interrogation anxieuse :

« Replonger l'homme dans la nature [...] voilà qui peut sembler une tâche étrange et folle, mais une tâche, qui le niera ? Pourquoi l'avons-nous choisie, cette tâche insensée ? Ou, en d'autres termes : pourquoi la connaissance[1] ? »

Organisme le plus parfait au-delà duquel plus rien ne pourra venir réveiller la conscience douloureuse d'une incorporation inaccomplie, le Surhomme redeviendra enfant tel Zarathoustra redescendant parmi les hommes[2]. Innocence ultime qui signifiera le terme d'une aventure, mais un terme qu'aucune nuance sombre ne viendra ternir : apocalypse joyeuse et affirmative que Nietzsche-Zarathoustra oppose à la haine biblique de la fin du monde. Innocence conquise qui offre au rire, ce propre de l'homme, un nouveau sens. Le Surhomme, re-naturalisé et innocent, rira comme personne sur terre n'a encore jamais ri ; et si le Surhomme n'est qu'un rêve, les « hommes supérieurs », en apprenant à rire, réconcilieront l'espace d'un instant le rêve et la réalité :

« Comme beaucoup encore reste possible ! À rire au-dessus et au-delà de vous-mêmes apprenez donc encore ! Haut les cœurs, ô vous qui dansez bien ! Haut, toujours plus haut ! Et ne m'oubliez non plus de bien rire [...]. J'ai sanctifié le rire : ô vous, les hommes supérieurs, apprenez donc à rire[3] ! »

Quatrième et dernier trait du Surhumain, que nous ne ferons qu'esquisser ici dans la mesure où il met en jeu la temporalité du

1. *Par-delà Bien et Mal*, § 230, *op. cit.*, p. 150. Cf. F.p. 11 [211], in *Le Gai Savoir*, *op. cit.*, p.392 : « Ma tâche : la déshumanisation de la nature et ensuite la naturalisation de l'homme, après qu'il aura acquis le pur concept de "nature". »
2. Sur le thème de l'enfant, on pourra consulter les textes suivants : « De l'utilité et des inconvénients de l'histoire pour la vie », § 1, in *Considérations inactuelles I et II*, *op. cit.*, p. 95-96 ; *Humain, trop humain*, § 423, *op. cit.*, p. 232 ; *Humain, trop humain*, F.p. 19 [23], p. 363 ; *Ainsi parlait Zarathoustra*, *op. cit.*, p. 22, p. 38, p. 84, p. 143 ; *Par-delà Bien et Mal*, § 57, *op. cit.*, p. 72.
3. *Ainsi parlait Zarathoustra*, *op. cit.*, p. 317.

retour éternel qui ne fait pas l'objet de cet essai[1] : la réconciliation du Surhomme avec le monde, et donc avec la mort. Re-naturalisé, et n'aspirant plus à une nouvelle incorporation, le corps surhumain échappera aux catégories morales qui jugent les monades humaines : ni égoïste, ni altruiste, son individualité ne sera pas séparation, atomisation, mais au contraire relation avec le Tout, sentiment de plénitude d'un être qui se connaît et s'éprouve comme indissociable d'un jeu universel dont il ne rejette plus la moindre parcelle. Citons une fois encore l'un de ces aphorismes de 1881 qui éclairent puissamment la pensée de notre auteur :

> « Mais moi je distingue : les imaginaires individus et les vrais "systèmes-de-vie", et chacun de nous en est un – on les confond l'un dans l'autre alors que l'"individu" n'est qu'une somme de sensations conscientes, de jugements et d'erreurs, une **croyance**, un petit morceau du vrai système de vie [...] Reconnaître **l'égoïsme en tant qu'erreur** ! Surtout ne pas prendre l'altruisme pour l'opposé ! [...] Non ! Aller par-delà "moi-même" et "toi-même" ! ÉPROUVER D'UNE MANIÈRE COSMIQUE[2] ! »

Le sentiment cosmique du Surhomme, s'il reflète vraiment une incorporation au cosmos dénuée de toute négation, doit être l'expression d'une affirmation absolue, d'un « oui » dit à la totalité du réel, donc d'un « oui » dit à la mort. Dire oui au monde, c'est dire oui à un monde qui est celui de la naissance et de la mort,

1. Nous renvoyons ici encore à notre essai *L'Individu éternel*, *op. cit.*

2. F.p. 11 [7] in *Le Gai Savoir*, *op. cit.*, p. 315. Les premiers mots de cet aphorisme suffisent à attirer notre regard : « Pensée capitale ». Cette idée d'une conscience cosmique était préfigurée dans *Opinions et sentences mêlées*, § 185, *op. cit.*, p. 87 : « On pourrait sans doute discerner dans la tendance à connaître en totalité les résultats de l'évolution historique [...] une tendance globale de l'humanité à la génialité. L'histoire pensée jusqu'au bout serait conscience cosmique de soi. » Ainsi la notion de « conscience cosmique » pourrait bien être l'un des invariants qui permet à Nietzsche, en passant de Schopenhauer (cité dans ce paragraphe 185) à l'apologie positiviste des esprits libres, puis des esprits libres au Surhumain, d'approfondir sa pensée essentielle.

c'est dire à la mort un oui joyeux. À notre connaissance, un seul texte dans toute l'œuvre de Nietzsche évoque nettement ce oui joyeux :

> « Être libéré de la vie et redevenir nature inanimée se peut **ressentir comme une fête** – chez celui qui consent à mourir[1]. »

Qu'aucune autre occurrence ne se présente, est-ce le signe que le philosophe atteint ici une limite infranchissable, et que la mort, définitivement inacceptable, interdise à une philosophie de l'approbation de voir le jour ? Ou bien ne faut-il pas considérer le *Zarathoustra* tout entier comme la seconde occurrence de cette affirmation, et le Retour Éternel comme mort joyeuse ? Retenons pour l'instant que le Surhomme, en tant qu'individu véritable, créateur de lui-même, re-naturalisé et réconcilié avec la mort, se présente, dans la futurologie nietzschéenne, comme le *focus imaginarius* où viennent se rassembler les rêves indéracinables et les intuitions les plus constantes du philosophe.

§ 4 : Doute et déconstruction

Chaque fois que Nietzsche tente de nous donner du Surhomme un portrait plus précis, il ne peut nous le présenter autrement que comme union des contraires, synthèse des grandes individualités de l'histoire, réconciliation de l'Art et de la Vérité. Il est frappant de constater que la logique hégélienne de la synthèse, qui était celle de *La Naissance de la tragédie*, et que le philosophe avait réussi à évacuer, s'impose à nouveau dès qu'il s'agit, dans le *Zarathoustra* et autour de lui, d'évoquer précisément le Surhumain. Lorsque la pythie outrepasse ce qu'elle est autorisée à nous dévoiler de l'avenir, lorsqu'elle prétend détailler les traits de celui dont elle n'a

1. F.p. 11 [125], in *Le Gai Savoir*, *op. cit.*, p. 355 (souligné par nous).

vu que l'ombre, elle reçoit la punition du langage hégélien ; elle se voit condamnée à présenter comme synthèse ce qui transcende la logique de l'histoire, à décrire comme accomplissement l'issue la plus incertaine du processus nihiliste de la civilisation.

La biologie du XXe siècle a dénoncé l'illusoire inscription de l'homme dans un processus finalisé dont il serait le prévisible aboutissement. En 1887, l'auteur de *La Généalogie de la Morale* anticipait le discours de nos biologistes. C'est un chemin aléatoire qui a fait en sorte que « quelque chose est apparu sur terre de si nouveau, si profond, si inouï, si mystérieux, si contradictoire et si prometteur pour l'avenir que l'aspect de la terre en fut foncièrement changé ». L'homme lui-même compte déjà

> « parmi les coups heureux les plus inattendus et les plus excitants du jeu que joue le "grand enfant" d'Héraclite, qu'on l'appelle Zeus ou le Hasard »[1].

Or qu'est-ce que l'inouï de l'homme en comparaison du mystère que constituerait la naissance du Surhumain ? Comment, dans ces conditions, prétendre à l'aide d'une quelconque logique décrire la plus miraculeuse des apparitions ? Nul ne pouvait prédire l'émergence de cet être pourtant si animal encore qu'est l'homme ; *a fortiori*, l'homme ne peut s'aventurer aujourd'hui dans le territoire, si étranger à tout ce qui demeure d'animal, d'archaïque et de moral au fond de lui, le territoire de la Surhumanité.

Au lieu de se limiter aux quelques traits ineffaçables que nous avons précédemment mis en évidence, Nietzsche ressuscite le « Socrate musicien » de *La Naissance de la tragédie*, qui devient « un système organique supérieur »[2], il rassemble les « fragments et morceaux d'hommes »[3] qui attendent de recevoir un sens, il

1. *La Généalogie de la morale*, *op. cit.*, p. 276-277.
2. *Le Gai Savoir*, § 113, *op. cit.*, p. 143.
3. *Ainsi parlait Zarathoustra*, « De la rédemption », *op. cit.*, p. 159.

fusionne les grandes individualités dispersées au hasard de l'histoire. Bref, c'est toujours sous forme de synthèse que Nietzsche imagine le Surhumain en fourvoyant sa pensée ouverte à l'accueil du hasard dans les filets d'une logique cumulative dont il a par ailleurs sapé les postulats. Plus redoutable encore que l'hégélianisme, le mauvais goût surprend ainsi le plus raffiné des penseurs, dont le « César romain avec l'âme du Christ »[1], dernier avatar du Socrate musicien de la période bâloise, semble l'un des plus épouvantables hybrides jamais engendrés par l'imagination humaine.

Comment s'étonner, dans ces conditions, que notre philosophe, dont la lucidité n'est en rien entamée par ces extravagantes peintures, ne se lance aussitôt dans la plus impitoyable des autocritiques ? Un aphorisme d'*Humain, trop humain* lançait déjà à celui qui n'avait pas encore été visité par la beauté du Surhumain une très pertinente mise en garde. Sous le titre « Prince et Dieu », l'auteur y évoquait l'archaïque besoin de vénérer les princes :

> « Ce sentiment assez inquiétant de vénération […] se rallume parfois […]. Le culte du génie est une survivance de cette vénération des dieux et des princes. Partout où l'on s'efforce de hausser des hommes, simples individus, **jusqu'au surhumain**, le penchant se fait jour aussi de représenter des couches entières du peuple plus grossières et plus viles qu'elles ne sont en réalité[2]. »

Toutes les voies en lesquelles s'engagera l'autocritique nietzschéenne sont ouvertes ici : caractère archaïque du besoin de

1. F.p. 27 [60], in *Fragments posthumes, printemps-automne 1884, O.C.*, tome X, Paris, Gallimard, 1982, p. 323 (« der römische Cäsar mit Christi Seele »).
2. *Humain, trop humain*, § 461, volume 1, *op. cit.*, p. 250-251 (« in das **Uebermenschliche** hinaufzuheben » : souligné par nous). Cet aphorisme contient l'une des toutes premières occurrences de l'adjectif « surhumain » dans l'œuvre nietzschéenne, et le fait que cette apparition soit négative et critique doit être sérieusement pris en compte dans toute interprétation rigoureuse de cette thématique.

vénération, coloration religieuse de la fascination éprouvée à l'égard d'hommes prétendument supérieurs, mépris et ressentiment envers la réalité humaine, cette troisième voie étant celle qui sera la plus régulièrement empruntée dans les derniers écrits. Avant que ceux-ci n'accablent d'un silence méprisant l'idole que Nietzsche s'était construite, les discours même de Zarathoustra sont ponctués d'avertissements, de doutes, et d'ironie à l'égard de la poétique invention du Surhumain. Le Livre II du *Zarathoustra* en particulier, qui inaugure, sur le ton de la lassitude, l'entreprise iconoclaste dont les derniers écrits porteront les traces ; le Surhomme y est ravalé au rang des dieux et des idoles que l'idéalisme des poètes avait projetés au-delà du réel :

> « Ah qu'entre Ciel et Terre il est des choses dont les poètes seuls de rêver ont entrepris ! Et davantage par-dessus le Ciel, car sont tous dieux images de poète, de poète subterfuges ! En vérité, là-bas toujours sommes tirés ; – vers le royaume des nuées ; sur elles nous installons nos baudruches bariolées, et **les nommons alors dieux et surhommes** ! Ah ! Comme je suis las de toute cette pauvreté[1]. »

Tragique ambivalence des produits de notre imaginaire : le Surhomme, pivot de ce quatrième scénario, devient le signe d'un travail psychique aussi fondamentalement négatif que celui qui a engendré les arrière-mondes. Les notions les plus négatives, celle de simulacre, celle de bariolage, sont interpellées pour briser l'image qui se voulait la plus affirmative, l'image dont le surgissement marquait la rupture définitive avec les fantasmagories idéalistes. Aucune critique ne saurait être plus radicale que celle-ci, et si la notion de Surhumain disparaît aussitôt après le *Zarathoustra*, c'est sans doute parce que Nietzsche pense avoir réglé cette question au sein même de son livre prophétique. Et lorsqu'en 1888 il feint de s'interroger dans *Le Crépuscule des idoles* :

1. *Ainsi parlait Zarathoustra*, *op. cit.*, p. 148 (c'est nous qui soulignons).

> « L'homme véritable ne vaut-il pas infiniment mieux que n'importe quel homme à coups de désirs, de rêves, de grossiers mensonges ? Que n'importe quel homme idéal ? »[1],

il nous renvoie en réalité à une réponse non seulement évidente, mais explicitement formulée dans le *Zarathoustra*, livre où meurt le Surhomme, dont les derniers écrits du philosophe, tous plus ou moins noirs comme « la sépia de la seiche »[2], porteront le deuil.

Très proches des textes de jeunesse, en particulier peut-être des conférences de Bâle *Sur l'avenir de nos établissements d'enseignement*, les derniers écrits, répétant l'impossibilité d'un dépassement de l'homme, réaffirmeront en effet que l'individu d'exception est la seule finalité de la civilisation ; qu'il est souhaitable, en se donnant les moyens politiques et éducatifs adéquats, de créer plus consciemment les individus supérieurs que l'histoire a engendrés aveuglément. Le troisième paragraphe de *L'Antéchrist* nous apporte sur ce point le texte le plus clair, et qu'il faut bien considérer comme le dernier mot de Nietzsche sur la question de la culture, texte dont d'innombrables variantes parsèment les pages non publiées des années 1886-1888 :

> « La question que je pose ici n'est pas de savoir ce qui doit prendre la relève de l'humanité dans la succession des êtres (car l'homme est une fin) mais bien quel type d'homme il faut élever, il faut vouloir comme le plus riche en valeurs supérieures, le plus digne de vivre, le plus assuré d'un avenir. Ce type d'homme d'une valeur supérieure s'est déjà bien souvent présenté, mais à titre de hasard heureux, à titre d'exception, jamais parce que voulu[3]. »

---

1. *Le Crépuscule des Idoles*, « Divagations d'un inactuel », § 32, *op. cit.*, p. 126.
2. Formule utilisée par Nietzsche à propos de *Par-delà Bien et Mal* dans une lettre à Peter Gast du 21 août 1886, in *Lettres à Peter Gast*, traduites par Louise Servicen, Paris, Christian Bourgois, 1980, p. 421.
3. *L'Antéchrist*, § 3, *op. cit.*, p. 162. Cf. également § 4, p. 162-163 ; ainsi que F.p. 11 [413], in *Fragments posthumes, automne 1887-mars 1888*, *O.C.*, tome XIII, Paris,

Il y a donc bien odyssée, mais odyssée négative, qui a pour point de départ une conception du génie que le philosophe avait su admirablement dépasser, et pour point d'arrivée un élitisme crispé qui n'est que la forme vieillie des rêves de jeunesse d'un philosophe qui se voulait éducateur. Le penseur du renversement du platonisme est plus proche encore de son adversaire privilégié qu'il ne l'a lui-même envisagé : le Platon vieillissant des *Lois* n'a pas effacé celui de la *République*. Nietzsche, à la manière de Platon, bien qu'âgé seulement de quarante-quatre ans, achève son itinéraire par le rêve figé d'une maîtrise politique qui emprisonnerait la vie dans ce qu'elle a de plus inventif. Ne peut-on penser qu'il en ira pour Nietzsche comme il en a été pour Platon ? Que la partie positive de l'auteur du *Zarathoustra* marquera pendant des millénaires une civilisation qui deviendra insensible à ses fantasmes directoriaux qui hanteront le cinquième scénario de la futurologie nietzschéenne. Mais pour clore notre analyse du Surhumain, sommes-nous condamnés à suivre Nietzsche dans son odyssée ? On peut rêver qu'Ulysse demeure auprès de Calypso sans jamais rejoindre Ithaque. On peut souhaiter à Nietzsche-Zarathoustra que les forces du destin échouent à le ramener sur les rivages bâlois, et qu'il continue sa danse avec les filles du désert.

1976, p. 363-364 ; F.p. 11 [414], *ibid.*, p. 365 ; F.p. 15 [120], in *Fragments posthumes, début 1888-début janvier 1889*, *O.C.*, tome XIV, Paris, 1977, p. 233-234.

Scénario 5
Le futur déliré (ou les grimaces de la grandeur)

UN CINQUIÈME SCÉNARIO marque l'ultime période créatrice de Nietzsche, que nous nommerons « futur déliré » dans la mesure où s'écroulent les unes après les autres les barrières qui séparaient contenus pathologiques depuis longtemps présents dans son esprit et thèmes les mieux maîtrisés par son génie philosophique. Cette indistinction croissante, ou du moins cette difficulté à séparer dans les productions (principalement dans les productions non publiées) de la dernière période, les fruits de la pensée saine de ceux de la pensée malade, a été à l'origine de la plupart des errements de la critique nietzschéenne. Nous allons nous efforcer de démontrer que le futur déliré appartient bien au cheminement nietzschéen et qu'à l'instar des quatre autres scénarios exposés il contribue à éclairer l'avenir, même si la lumière qu'il projette est des plus inquiétantes. C'est tout à la fois parce que les visions délirantes du dernier Nietzsche annoncent à leur manière l'avenir, et parce qu'elles rendent manifestes certaines difficultés majeures de la pensée du philosophe, que doit être conduite une analyse rigoureuse, et sans *a priori*, de celles-ci.

§ 1 : Le temps des confusions et des oublis

Trop peu nombreuses sont les études qui se sont risquées à relier les bouffées délirantes de celui qui s'enfonçait inexorablement dans la folie aux thèmes majeurs de sa philosophie, et un malaise certain entoure tout ce qui touche à la « grande politique »[1]. C'est en effet autour de ce que Nietzsche qualifie de cette façon que se cristallisent les intuitions pathologiques et les proclamations délirantes qui ont si longtemps contribué à la tragique confusion par laquelle il est apparu comme l'un des ancêtres du nazisme.

La première cause, et vraisemblablement la cause motrice, du délire politique de Nietzsche, nous semble être l'attitude du philosophe à l'égard de la solitude des créateurs. Il suffit de rappeler les traits essentiels du Surhumain : isolement, distance, marginalité, pour percevoir à quel travail d'oubli et d'effacement devra se livrer l'esprit malade du philosophe pour développer les fantasmes de la « grande politique ». Gardons en mémoire, parmi des dizaines de formules équivalentes, ces mots de Zarathoustra :

> « À l'écart de la place publique et de la renommée se fait toute grande œuvre ; à l'écart de la place publique et de la renommée toujours vécurent ceux qui inventèrent de nouvelles valeurs[2]. »

1. Quelques exceptions peuvent nous être opposées, mais ce sont précisément des exceptions : par exemple *La Politique de Nietzsche*, de R.J. Dupuy (Paris, A. Colin, 1969), ouvrage écrit par un juriste dont le savoir philosophique est bien trop limité pour qu'on puisse accorder la moindre estime à son étude, ou bien le chapitre consacré à la « grande politique » par Karl Jaspers (*Nietzsche*, *op. cit.*, p. 253-289) qui nous apparaît comme le plus confus d'un ouvrage qui ne brille pas particulièrement par sa netteté. Le seul ouvrage rigoureux consacré à la politique nietzschéenne, d'une très grande prudence dans ses analyses aussi bien que dans ses conclusions, est à notre connaissance le petit livre de Madame Goyard-Fabre, *Nietzsche et la question politique* (Paris, Sirvey, 1977) que nous rejoignons sur l'essentiel.
2. *Ainsi parlait Zarathoustra*, livre I, *op. cit.*, p. 65 (« Des mouches de la place publique »).

Solitaire vivant au voisinage des aigles, « exilé des patries et des terres maternelles », homme « de demain et d'après-demain et de plus tard encore »[1], le créateur des valeurs est constamment présenté, avant 1886, comme l'antithèse du chef politique. Comment passe-t-on du créateur solitaire à celui que Nietzsche aurait dû dénommer, s'il n'avait craint de trahir un retour à Platon, le « philosophe-roi » du monde à venir ? Il n'y a d'ailleurs pas, en réalité, modification irréversible, puisque le philosophe-roi redevient, dans *L'Antéchrist*, le solitaire hyperboréen infiniment plus proche du Surhomme que du maître politique des textes de 1886 (« Regardons-nous en face, – Nous les Hyperboréens. Nous ne savons que trop à quel point nous vivons à l'écart »[2]). Comment s'orienter dans ce dédale ?

Un par un, les traits de la Surhumanité doivent être gommés pour qu'y soient substitués ceux des maîtres de la « grande politique ». Effacée, la terrible solitude du créateur, remplacée par la communauté aristocratique des maîtres futurs qui ne se conjugue qu'au pluriel ; oubliée, la distance du génie, qui doit laisser la place à ce que nous nommerions aujourd'hui une capacité médiatique supposant une fraternité maladive avec les hommes du troupeau ; éradiquée, la marginalité des individus authentiques. « Le chemin – cela n'existe pas ! »[3], répétait Zarathoustra : c'est pourtant le chemin de la maîtrise que tracent tous les textes consacrés à la grande politique, c'est le nouvel empire antichrétien qui alimente les fantasmes de celui qui a détruit l'idole surhumaine. De 1885 à 1889, Nietzsche est de plus en plus rarement l'homme dionysiaque apte aux subtiles mutations, pour incarner le rêveur apollinien compensant ses échecs individuels dans la fantasmagorie d'une illusion vengeresse.

1. *Ibid.*, p. 115, p. 141, p. 148.
2. *L'Antéchrist*, § 1, *op. cit.*, p. 161.
3. *Ainsi parlait Zarathoustra*, livre III, *op. cit.*, p. 216.

Débordant très largement l'existence de l'individu Nietzsche et son idiosyncrasie, une hésitation, qu'il n'est jamais parvenu à surmonter, traverse sa philosophie et constitue la seconde matrice où vont se former les fantasmes politiques de la dernière période. Il s'agit de l'hésitation entre deux modèles antagonistes d'incarnation et de diffusion des valeurs : un modèle que l'on peut nommer **politique**, qui prend en compte l'ensemble du groupe ; et un modèle que le poids de la religion en Occident nous amène à dénommer **monastique**, qui réserve à une infime minorité la charge et la chance de construire la nouvelle vision du monde et de s'y conformer. De Platon à Nietzsche, on aurait bien du mal à découvrir un seul de nos maîtres à penser qui n'ait été déchiré entre ces deux modèles ou, si l'on préfère, entre ces deux tentations : celle du repli hors de la Cité, et celle de l'imposition politique des valeurs nouvelles à tous les membres de celle-ci.

Jusqu'en 1885, Nietzsche a privilégié le modèle monastique comme ne l'avait fait aucun de nos philosophes depuis l'Antiquité. Mais le philosophe fatigué des dernières années cède à son tour à l'emprise du modèle politique en s'imposant une vision contradictoire : celle d'un monde où les valeurs nouvelles seraient imposées aux masses par une élite de despotes aux visées plus apostoliques encore que les prêtres qu'ils auraient chassés. Vision confuse mêlant l'œcuménisme de l'âge scientifique, dont nous savons à présent qu'il n'est que l'aboutissement du processus uniformisant de la civilisation, et les métamorphoses individualistes auparavant rassemblées sous le nom de « Surhumain ».

Troisième origine du délire politique nietzschéen : un durcissement des thèmes, une sclérose philosophique à laquelle Nietzsche n'a pas échappé davantage que la plupart de ses prédécesseurs. Ce durcissement prend en particulier la forme d'une tentative désespérée de repérer les confirmations empiriques des intuitions antérieures. Il répète alors, sous forme grimaçante, l'illusion romantique de sa période wagnérienne. Il rêve de maîtriser politiquement, par le biais d'une « société aristocratique »[1] dont il ne nous dit presque rien, sinon qu'elle devra procéder à « l'organisation de castes »[2], les mutations dont toutes ses recherches avaient montré le caractère aléatoire et la marginalité inéluctable qu'elles développent par rapport à tous les ordres établis. Bref il prête à l'élite individualiste, que tout éloigne du troupeau et du dessein de maîtriser politiquement les masses, les projets prométhéens tracés durant la période positiviste.

Le dernier facteur expliquant la nature des fantasmes politiques de Nietzsche se rattache aux éléments apocalyptiques décryptés dans notre troisième scénario. Persuadé de l'accomplissement inévitable du nihilisme, le philosophe avait su, à l'époque du *Zarathoustra*, à la fois conserver l'ironie qu'une pensée altière doit manifester même à l'égard de la mort de l'homme, et déceler dans l'éternité cosmique la force créatrice d'où toujours ont émergé les formes qui échappent à l'uniformisation. Après avoir brisé l'idole surhumaine, il renverse brutalement l'histoire en prêchant une lutte à mort contre le christianisme, oubliant du même coup qu'on ne saurait prêter aux hommes supérieurs la volonté d'anéantissement qui fut l'apanage des prêtres sans rassembler les uns et les autres dans une inquiétante proximité.

Par-delà Bien et Mal évoque avec insistance ces philosophes-rois de l'avenir qui mettront fin au règne du hasard. Mais un éclair de lucidité ponctue de trois points d'interrogation l'occurrence la plus catégorique de cette évocation :

> « Y a-t-il aujourd'hui de tels philosophes ? Y eut-il déjà de tels philosophes ? Ne faudrait-il pas qu'il y ait de tels philosophes[3] ? »

1. *Par-delà Bien et Mal*, § 257, *op. cit.*, p. 180.
2. *L'Antéchrist*, § 57, *op. cit.*, p. 226.
3. *Par-delà Bien et Mal*, § 211, *op. cit.*, p. 131. Nietzsche, à l'évidence, succombe ici à ce que Philippe Lacoue-Labarthe dénomme, dans un ouvrage portant

Le philosophe malade rouvre la temporalité en jouant avec les trois extases du temps. Il suffit, après avoir indiqué la quadruple origine du délire politique nietzschéen, de répondre trois fois non aux questions posées pour voir se redessiner le visage du Surhomme dont l'image de plus en plus évanescente continue à se refléter parfois dans les derniers écrits.

Il nous appartient à présent d'établir de la façon la plus nette le caractère non-nietzschéen de la « grande politique ». Nombre de commentateurs ont négligé le fait que les bouffées délirantes qui se multiplient jusqu'à l'effondrement du 3 janvier 1889 tournent, presque sans exception, autour de la mission que Nietzsche, Socrate sans *daïmon*, aurait reçu de sauver la civilisation occidentale et de contribuer à jeter les bases d'un nouvel ordre européen. Ce fait devrait pourtant suffire à nous mettre en garde, et à soupçonner beaucoup plus intensément qu'on ne l'a fait tous les thèmes de la dernière pensée nietzschéenne qui alimentent les délires mégalomaniaques des années 1886-1889. Nous nous trouvons en fait devant l'alternative suivante : ou bien l'on considère que la « grande politique » est le fruit de la pensée saine du Nietzsche des dernières années, et que c'est précisément parce

---

précisément ce titre, la « fiction du politique » (*La Fiction du politique*, Paris, Christian Bourgois, 1988). « L'Allemagne, en somme, dans sa tentative pour accéder à l'existence historique et pour être, comme peuple ou nation, "caractérisée dans l'histoire mondiale", a tout simplement aspiré au génie. Mais le génie est par définition inimitable. Et c'est aussi bien dans l'impossibilité de cette imitation géniale que l'Allemagne s'est littéralement épuisée, succombant à une manière de psychose ou de schizophrénie spirituelle-historique, dont certains de ses génies les plus prestigieux, de Hölderlin à Nietzsche, ont été les signes (et les victimes) prémonitoires. » Nous faisons nôtre une telle phrase à condition toutefois d'en **limiter** l'application au Nietzsche de la « grande politique », Nietzsche étant au contraire, avant cette période, le plus averti de tous les penseurs allemands à l'égard de la fiction subtilement analysée par Philippe Lacoue-Labarthe.

qu'elle occupe son cerveau qu'elle devient l'aliment privilégié des délires de l'homme malade ; ou bien l'on enracine la thématique de la « grande politique » dans son cerveau malade, et l'on interprète l'essentiel des derniers écrits comme un effort désespéré du philosophe pour intégrer, dans ses moments de lucidité, les contenus délirants au schéma général élaboré de 1872 à 1885.

C'est bien entendu le second membre de l'alternative qui nous semble correspondre à l'évolution d'une pensée dont nous nous sommes efforcés d'élucider l'itinéraire. L'ambiguïté caractérise en effet tous les écrits consacrés à la « grande politique » qu'il convient d'arracher à l'œuvre lucide du philosophe. Au premier chef, sous la forme d'un obscurcissement des distinctions précédemment élaborées entre les types humains de l'avenir. Quand l'auteur de *Par-delà Bien et Mal* annonce « la lutte pour la domination universelle » et « l'obligation d'une grande politique »[1], quand celui d'*Ecce Homo* prédit qu'« il y aura des guerres comme il n'y en a jamais eu sur terre »[2], il ne pose rien d'autre en un sens que ce qu'il avait établi durant la période positiviste. Mais la confusion vient de ce que l'haruspice revêt alors le masque de la pythie, qu'en dénommant « grande » (« gross ») la politique qui se dessine, il valorise une dimension universelle dont toute son entreprise avait contribué à démontrer la nature grégaire.

Un nouvel hybride apparaît alors, aussi contestable que le César chrétien dénoncé précédemment, le « philosophe-créateur ». Si l'on se souvient de l'opposition qu'établissait le jeune penseur bâlois entre le philosophe mû par l'instinct de mort et l'artiste guidé par les forces de vie, on ne s'étonnera pas de ce que l'auteur de *Par-delà Bien et Mal* nomme « philosophes » les despotes à venir qui auront pour mission d'établir le règne planétaire d'une science, ou plutôt, dirions-nous aujourd'hui,

1. *Par-delà Bien et Mal*, § 208, *op. cit.*, p. 127.
2. *Ecce Homo*, *op. cit.*, p. 334.

d'une techno-science, menant sans partage le jeu du monde. Mais en qualifiant de « créateurs » les maîtres animés par un instinct de mort, en dotant de la plupart des attributs du Surhumain (créativité, légèreté, distance) ceux qui bientôt mèneront à son terme le refroidissement planétaire, Nietzsche abolit toutes les frontières que, du *Gai Savoir* au *Zarathoustra*, son génie le plus lumineux avait tracées.

Dans cet effort d'intégration des contenus délirants à la pensée rationnelle, des mécanismes psychologiques d'oubli sont mis en œuvre afin de rendre acceptable le panorama confus qui se dessine. En premier lieu, Nietzsche efface le lien qui unissait les derniers hommes aux maîtres de l'avenir, il tait le plus souvent l'appartenance des grands despotes au monde de la décadence dont ils ne sont que l'un des symptômes. Même lorsqu'il retrouve sa lucidité, comme dans le paragraphe 200 de *Par-delà Bien et Mal* où il répète que « les deux types », le type despotique et le type débile, « sont solidaires et procèdent des mêmes causes », il utilise pour décrire les maîtres de la décadence les attributs qui étaient ceux des Surhommes du *Zarathoustra* : « fascinants, insaisissables, insondables », ainsi sont dépeints « ces êtres nés pour vaincre et pour séduire dont Alcibiade et César constituent les plus belles expressions »[1], c'est-à-dire ces êtres que toutes les œuvres antérieures au *Zarathoustra* avaient inscrits dans un déclin dont ils ne représentaient dans le meilleur des cas que la promesse de l'issue.

Nietzsche gomme en second lieu tout ce qu'il nous avait enseigné sur le caractère nécessairement uniformisant des institutions. À l'exception de la très courte période durant laquelle il avait bâti son premier scénario, période où, sous l'influence de Wagner, il avait imaginé la possibilité d'une renaissance hellénique

1. *Par-delà Bien et Mal*, § 200, *op. cit.*, p. 112.

qui ferait de l'État allemand, tel l'État grec, le serviteur de la culture, il n'a cessé de mettre en évidence l'antagonisme absolu entre les institutions sociopolitiques, héritières des mécanismes biologiques de sélection négative, et les créations marginales qui ont évité jusqu'à présent à l'humanité le blocage fixiste subi par les autres espèces. Les fragments préparatoires au *Gai Savoir* contenaient à ce sujet les affirmations les plus catégoriques, par exemple celle-ci :

> « Au fond toutes les institutions sont conçues de manière qu'il [l'homme d'exception] ne se forme aussi rarement que possible et ne croisse que dans les conditions les plus défavorables : quoi d'étonnant ! **Les petits ne se soucient que d'eux-mêmes**, que des petits[1] ! »

La fréquence, la rigueur, et la cohérence de tous les aphorismes qui répètent l'hétérogénéité des institutions sociopolitiques, fondamentalement au service des forces grégaires, et des créations individuelles[2] nous obligent à considérer les dithyrambes des années 1886-1888 en l'honneur des despotismes à venir comme relevant du délire politique final. C'est bien le *Zarathoustra*, et non les proclamations crispées de *Par-delà Bien et Mal*, qui exprime la pensée profonde de Nietzsche :

> « Suivez donc vos chemins ! Et laissez peuple et peuples suivre les leurs ! – de sombres chemins, en vérité, où d'aucune espérance même ne luit l'éclair ! Peut bien être roi le boutiquier là où tout ce qui brille encore – est un or de boutique ! Il est passé, le temps des rois ; ce qui aujourd'hui se nomme peuple point ne mérite d'avoir des rois[3]. »

---

1. F.p. 14 [15], in *Le Gai Savoir, op. cit.*, p. 501 (c'est nous qui soulignons).
2. Voir *Opinions et sentences mêlées*, § 320, *op. cit.*, p. 139-130 ; *Aurore*, § 179, *op. cit.*, p. 139 ; *Ainsi parlait Zarathoustra*, « De la nouvelle idole », *op. cit.*, p. 61 ; « De l'esprit de pesanteur », p. 216 : *Par-delà Bien et Mal*, *op. cit.*, p. 189 ; *La Généalogie de la morale*, *op. cit.*, p. 324-325, etc.
3. *Ainsi parlait Zarathoustra*, « D'anciennes et de nouvelles tables », livre III, *op. cit.*, p. 230.

Il est possible de nouer les oublis et les effacements sans lesquels seraient condamnés les fantasmes de la « grande politique » en un refoulement primordial : celui de l'antinomie de la force. Celle-ci peut être ainsi formulée : ou bien les forts s'unissent pour dominer, mais cette union suppose qu'ils sont eux-mêmes suffisamment grégaires pour le faire ; ou bien les forts sont réellement forts et se séparent les uns des autres, mais en ce cas ils ne dominent pas. Ceci nous conduit à considérer *La Généalogie de la Morale* comme beaucoup moins pénétrée par les contenus délirants que les aphorismes politiques de *Par-delà Bien et Mal.* Alors que le livre noir de 1886 multiplie les proclamations aristocratiques en oubliant l'antinomie de la force, l'ouvrage de 1887 formule celle-ci avec la plus grande précision :

> « Ne l'oublions pas : par nécessité naturelle les forts ont tendance à se séparer autant que les faibles ont tendance à s'unir ; si les uns s'associent, ce n'est qu'en vue d'une action agressive commune, d'une satisfaction commune de leur volonté de puissance et non sans avoir à surmonter individuellement de grandes répugnances ; les faibles au contraire en s'associant prennent plaisir précisément à cette association[1]. »

À aucun moment le texte de 1887 n'associe la force à une institution politique à venir qui résulterait d'un regroupement des créateurs, à l'inverse de *Par-delà Bien et Mal* et des multiples fragments non publiés des deux dernières années qui ressassent le projet fantasmatique d'un rassemblement des forts d'où naîtrait une nouvelle époque de l'histoire. *La Généalogie de la Morale* a le mérite de laisser vide, aux côtés des multiples indications

1. *La Généalogie de la morale, op. cit.,* p. 324-325. Une oreille freudienne entendrait peut-être les premiers mots de ce texte, « Ne l'oublions pas », comme une injonction que le subconscient de Nietzsche, averti du désir de refoulement issu de l'inconscient du penseur, adresserait à son Moi.

annonçant l'éternel retour de la force et de la faiblesse, la place d'une espérance que Nietzsche ne se résout pas à ensevelir.

§ 2 : Les trois cerveaux de Nietzsche (éléments pour une taxinomie à venir)

Une lecture critique de tous les derniers écrits, publiés et inédits, séparant nettement ce qui relève de la poursuite des investigations majeures menées par le penseur lucide et ce qui est le produit du cerveau délirant, reste à faire et sera l'une des tâches des interprètes à venir. Mais nous voudrions cependant jeter les bases qui devraient permettre d'accomplir un jour ce travail nécessaire.

Ce qui rend la tâche difficile, mais qui pourrait bien, une fois élucidé, en permettre l'accomplissement, est l'aspect original, et peut-être même unique, de la pathologie nietzschéenne. Dans la nosographie psychiatrique, la coexistence, chez les malades atteints de paralysie générale, de pensées saines et de bouffées délirantes qui sont la déformation grandiloquente des premières, est l'un des symptômes les plus sûrs permettant de diagnostiquer la maladie. Contrairement aux délires psychotiques, le délire du paralysé général manifeste toujours une inventivité presque toujours en rapport avec les capacités les plus remarquables que possédait le malade avant de subir les atteintes neurologiques qui détruisent son cerveau (capacités professionnelles, techniques, artistiques, etc.). Sur ce plan, la présence chez le dernier Nietzsche d'un délire philosophico-politique parfois difficilement différenciable des pensées saines dont il est la caricature correspond parfaitement au tableau nosographique de sa maladie. Lorsque Karl Jaspers nous rappelle, en psychiatre qu'il est, que la maladie semble avoir exacerbé chez Nietzsche les facultés créatrices, il ne fait que relever l'un des traits caractéristiques de la paralysie générale[1].

Mais ce qui distingue le philosophe-prophète des malades dont les symptômes sont décrits dans la littérature psychiatrique, c'est la présence, à côté des productions du cerveau lucide qui poursuit une œuvre nullement perturbée par la maladie, et de celles du cerveau malade qui engendre des intuitions mégalomaniaques de plus en plus fréquentes jusqu'en 1889, d'un troisième cerveau, d'un troisième étage du psychisme nietzschéen. Nous voulons dire par là qu'entre les moments où il continue lucidement ses recherches, par exemple ces quelques semaines durant lesquelles il écrit les pages lumineuses du *Crépuscule des Idoles*, et ceux où son esprit s'égare en d'incontestables bouffées délirantes, notre auteur est capable d'un jeu tout à fait exceptionnel, d'un véritable jeu avec sa folie.

Un unique exemple nous permettra de vérifier notre hypothèse. Fin 1888, le délire s'installe presque définitivement, et nous nous contenterons de citer ces quelques lignes d'une lettre à Overbeck du 26 décembre :

> « Pour moi, je travaille en ce moment à un mémoire [Promemoria] à l'intention des cours européennes, aux fins de constituer une ligue antiallemande. Je veux enserrer le "Reich" dans un corset de fer et le provoquer à une guerre de désespoir. Je ne me sentirai pas les mains libres, tant que je ne me serai pas assuré la personne du jeune empereur et de ses comparses[2]. »

Les contenus de la pensée saine : l'annonce des grandes guerres à venir, l'ambivalence de l'Allemagne, à la fois plongée dans la décadence et riche de réserves d'où pourrait naître une issue

1. Karl Jaspers, *Nietzsche. Introduction à sa philosophie*, Paris, Gallimard, collection « Tel », en particulier p. 96, 100, 103, 112.
2. Cité par Janz, *Nietzsche-biographie*, tome III, *op. cit.*, p. 394-395.

au nihilisme, deviennent les aliments d'un délire politicien en lequel le philosophe s'imagine à la tête de la révolution qui se prépare. Les textes de ce type (qu'il faut considérer comme les formes édulcorées des billets de la folie expédiés début 1889) sont toujours exprimés à la première personne, tandis que les textes mixtes produits par le « troisième cerveau » nietzschéen sont la traduction des précédents dans un langage en troisième personne mêlant le vocabulaire de la période positiviste à celui du *Zarathoustra*.

Quelles sont donc les productions de ce que nous venons de dénommer le « troisième cerveau » du philosophe ? Il s'agit des nombreux textes dans lesquels Nietzsche donne ironiquement et dans le style le plus maîtrisé une présentation mégalomaniaque de sa philosophie. On nous demandera sans doute ce qui nous permet de différencier le délire exprimé dans la langue de la philosophie de la philosophie exprimée dans la langue du délire. Une telle différenciation exige bien entendu comme préalable l'élucidation de l'itinéraire que nous avons parcouru. Mais sur cette base, il nous semble évident que tout sépare la confusion thématique des textes entremêlant les futurs contradictoires que la pythie avait annoncés, de l'unité de contenu de certaines proclamations aux allures délirantes dont *Ecce Homo* nous offre l'échantillon le plus remarquable[1]. La tonalité de cet ouvrage est si déroutante

1. Nous devons malheureusement laisser de côté le cas des lettres adressées par le philosophe, qui est plus complexe encore que celui des écrits dans la mesure où Nietzsche fait preuve d'un extraordinaire talent pour adapter la tonalité de sa prose à la personnalité de ses destinataires. Lorsqu'il écrit, le 21 mai 1884, à Malwida von Meysenbug : « Ma tâche est formidable [...]. Je veux pousser l'humanité à des décisions dont dépendra tout son avenir, et il arrivera peut-être que des millénaires entiers prononcent par mon nom leurs serments les plus sacrés » (cité par Janz, *Nietzsche-biographie*, tome III, *op. cit.*, p. 48), faut-il voir dans ces lignes les premiers symptômes de la mégalomanie qui se déchaînera bientôt, ou plus simplement un subtil artifice pour opposer à celle dont il finira par dénoncer brutalement le « socialisme » un millénarisme ironique destiné

pour un esprit classique que Curt Paul Janz, après bien d'autres, le considère comme étranger à la philosophie nietzschéenne et ne relevant pas de son domaine[1]. Après avoir partagé la plupart des jugements de Janz, nous nous devons ici de nous opposer radicalement à cette dernière évaluation. *Ecce Homo* est, dans sa forme comme dans son contenu, une œuvre totalement maîtrisée, dont l'ironie constante est précisément la réponse adressée par le troisième cerveau de Nietzsche à la fois à ses propres délires mégalomaniaques et à l'angoissante incompréhension rencontrée par un penseur qui connaît parfaitement la valeur de ses découvertes. Lisons ces lignes :

> « Et, je parle sérieusement, personne avant moi ne connaissait le droit chemin, le chemin qui monte, ce n'est qu'à partir de moi qu'il existe à nouveau des espoirs, des tâches, des itinéraires à prescrire à la culture – je suis celui qui annonce la bonne nouvelle [...] en cela aussi je suis un destin[2]. »

Si nous faisons l'effort d'arracher à ce texte son masque pathologique, qu'y lisons-nous ? Rien d'autre qu'un résumé, remarquable de densité, de la généalogie du christianisme et des évaluations qui ont permis au philosophe à la fois d'interpréter la direction de la civilisation et de lire en médecin les traces d'une force enfouie mais jamais anéantie d'où pourrait résulter une nouvelle configuration. En faisant référence à la « bonne nouvelle », l'auteur ne fait que rappeler de façon provocante qu'avec son *Zarathoustra* il a tenté de proposer à ses contemporains un cinquième *Évangile*, mais précisément l'*Évangile* d'un homme au fait de la mort de Dieu et qui prend la précaution, en se

à la faire réagir ? Nous sommes, pour notre part, quasiment certain que c'est la seconde hypothèse qui est la bonne, mais dans l'incapacité d'étayer notre conviction par des arguments irréfutables.

1. Janz, *Nietzsche-biographie*, tome III, *op. cit.*, p. 386 et 415.
2. *Ecce Homo*, *op. cit.*, p. 324.

moquant de lui-même, de couper court à toutes les ébauches de « divinisation » qui pourraient transformer en ombre de Dieu celui qui nous demande d'oublier son message et de choisir notre chemin. En se déclarant « destin », il nous adresse un clin d'œil : il ne doute pas que ses vrais lecteurs auront appris grâce à lui à distinguer les idoles qui sonnent creux des individus éclairés qui ont découvert le sens du devenir et qui ont réappris à éprouver leur unité avec la totalité cosmique. C'est la « grande santé » qu'a recouvrée celui qui écrit *Ecce Homo*, c'est son troisième cerveau qui, avant l'effondrement, a la force de s'emparer des formes créées par la folie pour les couler dans le moule d'une ultime mise en scène. *Ecce Homo* appartient sans conteste à l'œuvre lucide de Nietzsche, et constitue la preuve la plus éclatante de cette capacité inouïe qui lui a permis, en jouant avec ses délires, de mettre pour la première fois dans l'histoire la folie au service de la philosophie.

Conclusion

QUELLE VALEUR ACCORDER, un peu plus d'un siècle après Nietzsche, à la futurologie nietzschéenne ? Notre philosophe ne s'est-il pas entièrement fourvoyé en méprisant les explosions et les révolutions politiques à venir, y compris les récentes mutations de l'Est européen brûlant le marxisme si longtemps adulé par les intellectuels des quatre coins de l'Europe ? En mettant l'individu au centre de sa méditation, en qualifiant d'archaïque la passion politique, et en réservant aux hommes d'un avenir proche l'« instinct qui porte à vivre individuellement »[1], notre futurologue n'a-t-il pas été aveugle à tout ce qui s'est produit de décisif depuis la fin du XIXe siècle ? Telles sont les questions qui, au terme du panorama que nous avons tracé, pourraient ébranler nos certitudes.

Depuis Nietzsche, les regards les plus lucides sur le monde contemporain se partagent en deux catégories. Les adeptes de ce que nous dénommerons un « fatalisme résigné » s'opposent aux zélateurs d'un « nihilisme serein », et ces deux camps occupent l'essentiel du territoire intellectuel de notre temps. Les fatalistes résignés sont pour la plupart les déçus des grandes espérances

1. F.p. 6 [123], in *Aurore, op. cit.*, p. 506.

sociopolitiques des XIXe et XXe siècles, espérances dont la vanité avait été dénoncée avec une étonnante vigueur par l'auteur d'*Humain, trop humain.* Les ouvrages de Régis Debray, et plus particulièrement sa *Critique de la Raison politique,* sont emblématiques de ce premier courant :

> « Qu'aura été, en définitive, la grande surprise du XXe siècle, celui des plus fulgurants bouleversements techniques et sociaux qu'a connus l'humanité, sinon la découverte que, finalement, il n'y a pas eu de surprise[1] ? »

Ce fatalisme résigné, apparemment en contradiction avec les certitudes les mieux ancrées du philosophe, peut pourtant se réclamer de quelques-uns des résultats de son entreprise généalogique. La prise en compte et l'exploration par Nietzsche de l'immensité des temps préhistoriques, l'écoute du corps mettant en évidence, sous l'écume des embellissements de la civilisation, l'océan des instincts archaïques, la conception épiphénoméniste limitant le rôle de la conscience qui œuvre davantage à nous rendre sourds à la voix du corps qu'à en maîtriser réellement les pulsions, tous ces éléments peuvent contribuer à alimenter des philosophies de la non-révolution, des philosophies de la répétition dévoilant, sous l'illusoire nouveauté de nos affrontements, l'identique scénario d'une pièce éternellement rejouée. Ce n'est pas faire injure à Régis Debray que de prétendre que l'essentiel des acquis de sa *Critique de la Raison politique* se trouve résumé dans ce fragment posthume de 1881 :

> « Nos impulsions et nos passions se sont vues l'objet d'un dressage tout au long d'énormes intervalles de temps dans des **associations tribales et sexuelles** (et antérieurement sans doute dans des **hordes** de singes) : de la sorte en tant qu'impulsions et passions sociales, elles sont encore maintenant plus fortes qu'en tant qu'individuelles.

---

1. Régis Debray, *Critique de la Raison politique, op. cit.*, p. 29.

> L'on **hait** en tant que patriote de façon plus subite, plus **innocente** (l'innocence est propre aux sentiments héréditairement les plus anciens), qu'en tant qu'individu ; on se sacrifie plus promptement pour sa famille que pour soi-même ; ou encore pour une Église, pour un parti[1]. »

Ainsi, tous ceux qui, se retournant sur un XXe siècle tragiquement belliqueux, se résignent à mettre au rang des vieux millénarismes les utopies politiques qui nous ont tant agités, peuvent et pourront trouver dans les écrits nietzschéens de quoi alimenter leur désenchantement.

Face à ce fatalisme résigné, l'attitude que nous avons qualifiée de « nihilisme serein » rassemble en Europe, depuis une trentaine d'années, des penseurs toujours plus nombreux. Devant la monstruosité trop évidente du nihilisme actif, dont nazisme et stalinisme furent au XXe siècle les figures de proue, et que la lucidité nietzschéenne avait admirablement pressentie, une tentation philosophique de plus en plus nette se fait jour : la réhabilitation du nihilisme « passif », que nous préférons dénommer ici « nihilisme serein ». Particulièrement affirmée en Italie, avec les travaux de Gianni Vattimo et de son école (« *il pensiero debole* »), cette réhabilitation a gagné l'intelligentsia française.

> « Le nihiliste accompli est celui qui a compris que le nihilisme est sa [seule] chance. Ce qui nous arrive aujourd'hui par rapport au nihilisme, c'est que nous commençons à être, à pouvoir être, des nihilistes accomplis[2]. »

Aveugle à la problématique de la croyance, Vattimo identifie mort de l'absolu et libération des valeurs. Proche des conceptions postmodernes, le philosophe italien dépeint un univers où

1. F.p. 11 [130], in *Le Gai Savoir, op. cit.*, p. 357. Cf. *Critique de la raison politique, op. cit.*, p. 453.
2. *La Fin de la modernité*, traduction française Charles Alluni, Paris, Le Seuil, 1996, p. 23.

« les valeurs peuvent se déployer dans leur véritable nature de convertibilité et de transformabilité/processualité indéfinies »[1]. Les conceptions de Vattimo nous semblent relever très précisément de la confusion entre atomisme social et individualisme authentique que nous n'avons cessé de dénoncer tout au long de notre essai.

Aussi opposés soient-ils, le fatalisme résigné et le nihilisme serein appartiennent cependant à la même constellation intellectuelle : tous deux ont en commun de se maintenir au sein d'une appréhension essentiellement politique de la civilisation, le premier nous annonçant la pérennité des cadres historico-politiques traditionnels consubstantiels à la nature humaine, le second nous installant pour toujours dans une démocratie triomphante, ultime configuration de l'histoire et condition suffisante de l'épanouissement planétaire des individus. Or ce privilège du politique est très précisément ce que la philosophie nietzschéenne devrait nous permettre de dépasser : que ce soit par le biais d'analyses généalogiques contribuant à la fois à situer le politique dans son véritable cadre, celui d'une phase primitive de l'humanité, et à nous permettre d'entrevoir l'entrée de la civilisation dans une phase métapolitique, ou que ce soit par le biais d'un renversement des perspectives conduisant à faire du groupe le serviteur de l'individu, Nietzsche ne cesse, d'un bout à l'autre de son œuvre, de dénoncer l'archaïsme du politique et la nécessité de transgresser cette forme mutilante des rapports interhumains. Rappelons, à mi-parcours, cette formule d'*Aurore* :

> « Toutes les situations politiques et économiques ne méritent pas que les esprits précisément les plus doués soient autorisés et contraints à s'en préoccuper : un tel gaspillage d'esprit est au fond pire qu'un état de misère extrême[2]. »

1. *Ibid.*, p. 25.
2. *Aurore*, § 179, *op. cit.*, p. 139.

Quelle est donc la justification philosophique majeure de cet anarchisme nietzschéen ? Elle découle de la dénonciation du caractère animal et grégaire d'une échelle de valeurs réduisant l'individu au rang d'instrument du troupeau. L'homme est le seul vivant apte à devenir autonome au sein de son espèce, apte à se donner ses propres règles, et capable d'avoir pour objectif de « parvenir à une espèce supérieure à l'homme, à l'aide de ses dons les plus individuels »[1]. Un invariant capital de la pensée nietzschéenne est incontestablement celui-ci : seul l'individu accompli donne sens à la présence humaine au sein du cosmos. Il est tout à fait significatif de trouver dans *Par-delà Bien et Mal*, c'est-à-dire dans le texte le plus marqué par les fantasmes de la « grande politique », un rappel parfaitement net de l'invariant évoqué :

> « La société n'a pas le droit d'exister pour elle-même mais [...] ne doit être que le soubassement et la charpente qui permettent à une élite de se hausser à ses devoirs supérieurs, à la réalisation d'un être plus élevé[2]. »

Paragraphe qui nous permet de jeter un pont entre la dénonciation de l'échelle grégaire des valeurs et la troisième justification philosophique de l'anarchisme nietzschéen. Cette dernière est la découverte par Nietzsche de l'absence de corrélations entre les structures sociopolitiques d'un État et la présence en celui-ci d'individus remarquables. Ce que sa fascination pour la Renaissance italienne lui avait appris, à savoir la multiplication, unique dans l'histoire, d'individus de génie au sein même d'une époque de violence, de désordre, et d'instabilité politique, toutes les analyses ultérieures le confirmeront, et l'auteur de *L'Antéchrist* remarque qu'

1. F.p. 6 [158], *ibid.*, p. 516.
2. *Par-delà Bien et Mal*, § 258, *op. cit.*, p. 181.

> « il y a constamment des cas isolés de réussite dans les endroits les plus différents de la terre, à partir des cultures les plus diverses »[1] :

ce passage de *L'Antéchrist* nous réserve plus loin une surprise, puisque nous y voyons réapparaître le terme de « Surhomme », terme qui avait disparu des écrits nietzschéens après le *Zarathoustra* ; il se poursuit en effet ainsi :

> « C'est en fait un type supérieur qui se manifeste, quelque chose qui, comparé à l'ensemble de l'humanité, est une sorte de Surhomme[2]. »

Mais l'échec de Nietzsche à repenser l'élitisme, c'est-à-dire à définir l'hyper-individualisme, est de n'avoir pas su s'arracher aux catégories archaïques qui ont permis depuis la nuit des temps de structurer les groupes humains. Lorsque le penseur, en 1881, résume une part essentielle de sa réflexion dans cette formule déjà citée par nous : « Il se forme un état de servage – veillons à ce que se forme aussi une noblesse »[3], nous ne pouvons que regretter qu'une méditation, dont nous avons par ailleurs démontré la radicale nouveauté, se coule dans les formes usées d'un ordre balayé par le devenir de la civilisation. Paradoxalement, c'est dans les derniers écrits souvent si rigides et dont le style s'emprisonne dans ce genre de stéréotypes, qu'on trouverait les rares formulations qui témoignent d'une volonté du philosophe à exprimer dans une langue renouvelée la sortie de l'uniformisation nihiliste. Ainsi le « sens de la distance » (« Gefühl fur Distanz im Leibe ») revendiqué dans *Ecce Homo*[4] irait-il dans cette direction :

---

1. *L'Antéchrist*, *op. cit.*, p. 163.
2. *Ibid.* Nietzsche utilise donc ici pour la première fois après le *Zarathoustra* le mot « Übermensch » (« Etwas, das im Verhaltniss zur Gesammt-Menschheit eine Art **Übermensch** ist »).
3. F.p. 11 [118], in *Le Gai Savoir*, *op. cit.*, p. 352.
4. *Ecce Homo*, *op. cit.*, p. 330-331 : « La première chose par laquelle je "sonde-les-reins" d'un homme, est de chercher à savoir s'il a dans les veines le **sens de la distance**, s'il voit partout rang, degrés, hiérarchie entre l'homme et l'homme, bref s'il établit des distinctions : c'est en cela que l'on est **gentilhomme**. »

malheureusement cette volonté, trop tardive, est vouée à l'échec, et l'auteur de cette formule retombe aussitôt dans le langage dont il voulait se défaire, ayant même recours, en l'occurrence, en une sorte d'appel que nous sentons désespéré, à la langue française et au mot « gentilhomme », pour traduire, une nouvelle fois maladroitement, sa pensée fondamentale.

L'incapacité nietzschéenne à rompre avec les catégories aristocratiques est sans doute l'une des origines de l'obsession du déclin que nous pouvons regretter chez un penseur qui s'est voulu le penseur de l'affirmation. Ce n'est pas lorsqu'il sonne les trompettes du rassemblement guerrier contre la décadence, mais bien lorsqu'il médite le « sens de la distance », lorsqu'il repère les conditions d'un hyper-individualisme apte à s'épanouir à partir du nihilisme accompli, que l'auteur du *Zarathoustra* exprime sa plus profonde pensée :

> « De l'homme ce qui est le plus lointain, le plus profond, le plus hautement stellaire, sa force immense ; tout cela, n'est-ce pas ? s'entrechoque et tout cela écume dans votre marmite !
>
> Quoi d'étonnant si plus d'une marmite éclate ? De vous-mêmes apprenez à rire comme rire se doit ! Ô vous, les hommes supérieurs, comme beaucoup encore reste possible [...]. Comme elle est riche, cette Terre, en petites bonnes choses parfaites, en bien réussi[1] ! »

À l'heure où s'affrontent, en un combat peut-être décisif, les forces de l'uniformisation techno-scientifique et les défenseurs des identités archaïques, Nietzsche demeurera un maître pour tous ceux qui entendent conserver, et même accroître, ce à quoi les Grecs ont pour la première fois commencé à accéder : l'indépendance. Relisons les formules pertinentes que nous lègue Stefan Zweig en conclusion du bref ouvrage qu'il a consacré à Nietzsche :

1. *Ainsi parlait Zarathoustra*, *op. cit.*, p. 314.

« C'est toujours l'individu qui introduit l'indépendance dans le monde et toujours uniquement pour lui seul. Car tout esprit libre est un Alexandre, il conquiert impétueusement toutes les provinces et tous les royaumes, mais il n'a pas d'héritiers [...]. C'est pourquoi la grandiose indépendance de Nietzsche ne nous apporte pas en don une doctrine [...] mais une atmosphère [...]. Lorsqu'on prend contact avec ses livres, on sent de l'ozone, un air élémentaire, débarrassé de toute lourdeur, de toute nébulosité et de toute pesanteur [...]. Toujours la liberté est le sens final de Nietzsche[1]... »

Pour que cette conclusion devienne aussi la nôtre, il suffit de nous remémorer une dernière fois que cette « indépendance », qui caractérise l'« atmosphère » nietzschéenne, se situe aux antipodes d'un individualisme narcissique ; il suffit de rappeler que l'individu le plus accompli n'est « pas un "maillon de la chaîne" », qu'il est « toute l'unique lignée de l'homme jusqu'à lui compris »[2] ; il suffit de répéter que l'extrême indépendance est l'opposé de l'atomisation, qu'elle est le lien, connu, assimilé, et aimé, de l'individu avec la totalité du devenir. Parce qu'il est un incomparable guide sur le chemin de l'indépendance, Nietzsche appartient, en dépit des inepties accumulées depuis un siècle sur son compte, à la lignée de nos plus grands philosophes, c'est-à-dire à la race de ces hommes qui « vivent dans leur propre système solaire »[3] [16].

1. Stefan Zweig, *Nietzsche*, traduction française A. Hella et O. Bournac, Paris, Stock, 1978, p. 193-194.
2. *Le Crépuscule des Idoles*, *op. cit.*, p. 126-127.
3. *La Passion de la vérité*, in *Écrits posthumes 1870-1873*, *op. cit.*, p. 169. Ces mots, les derniers que nous citons, prouvent une dernière fois l'unité et la continuité d'une pensée que nous avons accompagnée tout au long de son itinéraire, depuis ce texte qui appartient aux toutes premières productions du philosophe, en 1872, jusqu'au *Crépuscule des Idoles* de 1888.

Achevé d'imprimer en décembre 2018
sur les presses de l'imprimerie Tirage
pour le compte des éditions Les Belles Lettres
collection « encre marine »
selon une maquette fournie par leurs soins.
Dépôt légal : mars 2014
ISBN : 978-2-35088-073-0

Deuxième tirage